高速公路智能车路协同系统
集成应用关键技术丛书

# 高速公路智能车路协同系统
## 路侧设备与车载预报警装备技术

GAOSU GONGLU ZHINENG CHELU XIETONG XITONG
LUCE SHEBEI YU CHEZAI YUBAOJING ZHUANGBEI JISHU

高明秋　王　旭　宋　瑞　曾立锵　周建华　编著

人民交通出版社股份有限公司
北京

## 内 容 提 要

本书系统介绍了智能车路协同营运车辆预报警装备关键技术、智能路侧一体化设备关键技术和路侧智能感知与通信设备优化布设技术。全书共六章，第一章简要介绍智能路侧与营运车辆预报警设备产业的发展现状；第二章分析了几个代表性国家的车路协同技术发展情况与启示；第三章详细介绍了营运车辆的预报警装备技术，阐述了基于V2X协同技术的车辆行为识别研究成果，并开展了相关试验验证工作；第四章介绍了智能路侧设备的关键技术，展开阐述了路侧环境感知技术、信息通信技术和数据融合技术；第五章介绍了路侧智能感知与通信设备优化布设方法，讲述了路侧设备网络建模和空间泊松点过程，进一步基于伯努利点过程进行有限区域D2D网络建模，并进行了性能分析；第六章介绍了方案在实际应用中取得的成果，并对车路协同下的营运车辆安全保障技术进行了展望。

本书可作为公路交通行业技术人员和自动驾驶工程技术人员的参考书，也可供感兴趣的读者参考。

**图书在版编目(CIP)数据**

高速公路智能车路协同系统路侧设备与车载预报警装备技术/高明秋等编著. —北京：人民交通出版社股份有限公司，2023.5

（高速公路智能车路协同系统集成应用关键技术丛书）

ISBN 978-7-114-18741-4

Ⅰ.①高… Ⅱ.①高… Ⅲ.①交通运输管理—智能系统—研究 Ⅳ.①U495

中国国家版本馆 CIP 数据核字（2023）第 070546 号

高速公路智能车路协同系统集成应用关键技术丛书

| 书　　名： | 高速公路智能车路协同系统路侧设备与车载预报警装备技术 |
|---|---|
| 著 作 者： | 高明秋　王　旭　宋　瑞　曾立锗　周建华 |
| 责任编辑： | 李　佳 |
| 责任校对： | 赵媛媛 |
| 责任印制： | 张　凯 |
| 出版发行： | 人民交通出版社股份有限公司 |
| 地　　址： | （100011）北京市朝阳区安定门外外馆斜街 3 号 |
| 网　　址： | http://www.ccpcl.com.cn |
| 销售电话： | （010）59757973 |
| 总 经 销： | 人民交通出版社股份有限公司发行部 |
| 经　　销： | 各地新华书店 |
| 印　　刷： | 北京虎彩文化传播有限公司 |
| 开　　本： | 787×1092　1/16 |
| 印　　张： | 10 |
| 字　　数： | 151 千 |
| 版　　次： | 2023 年 5 月　第 1 版 |
| 印　　次： | 2023 年 5 月　第 1 次印刷 |
| 书　　号： | ISBN 978-7-114-18741-4 |
| 定　　价： | 80.00 元 |

（有印刷、装订质量问题的图书，由本公司负责调换）

## 《高速公路智能车路协同系统路侧设备与车载预报警装备技术》编写组

组　长：高明秋

副组长：王　旭　宋　瑞

成　员：曾立锵　周建华　张子文　蔡丹丹　张　阳
　　　　侯　俊　陈　野　张　骞　刘晓阳　陈俊峰

应用高速公路智能车路协同系统(Intelligent Cooperative Vehicle-Infrastructure Systems on Highways,ICVIS-H)是提高现有高速公路运行安全性、通行效率与用户体验的重要手段。高速公路上的营运车辆多,且有行驶时间长、交通危险性大等特点,是实现高速公路车路协同技术应用的关键场景,有望带动基础设施、汽车、物流、IT技术等产业的转型升级,给相关产业集群带来巨大的发展机遇。

面对我国复杂多变的交通场景,当前的车路协同系统存在以下关键问题:①"车载装备-路侧设备-交通环境"车路协同耦合程度低,车路协同系统的信息融合能力弱,无法实现高可信度的交通风险预报警;②路侧端交通信息数据的感知能力有待提升,现有的感知设备难以实现复杂交通系统中数据的全天候感知,无法提供有效的交通信息数据;③路侧智能感知与通信设备布设不够科学,导致感知覆盖不完善,系统整体成本高,系统协作效率低,无法实现高效、全息的系统感知;④协同信息实时交互性弱,信息的传递和决策的执行无法保证实时性,导致预报警信息的有效性和准确性不足,预报警的可靠性有待提高。因此,亟须对"端-边-云"多层次紧耦合车路协同架构进行全面研究,建立系统、完备、可示范的营运车辆高速公路车路协同预报警系统。

本书依托作者团队承担的国家重点研发计划课题的相关研究成果,对智能车路协同营运车辆预报警装备关键技术、智能路侧一体化设备关键技术和路侧智能感知与通信设备优化布设技术进行系统化介绍。通过分析智能路侧与营运车辆预报警设备产业的发展现状和一些其他国家的车路协同技术发展情况,引出对高速公路车路协同技术的发展启示。随后详细介绍了营运车辆的预报警技术,分享了本研究基于V2X协同技术的车辆行为识别的研究成果和验证工作。介绍了智能路侧设备的关键技术,并针对路侧环境感知技术、信息通信技术和数据融合技术进行了阐述。针对路侧智能感知与通信设备优化布设问题,讲述了路侧设备网络建模和空间泊松点过程,进一步基于伯努利点过程进行有限区域D2D网络建模并进行了性能分析。最后,介绍了方案在实际应用中取得的成果,并对车路协同下的营运车辆安全保障技术进行了展望。

本书提出的方法、理论和技术可以为广大企业、科研院所、高等院校进一步深入研究车路协同技术提供理论基础,为推动高速公路车路协同技术的发展和落地示范应用提供技术参考,对提升我国车路协同技术的国际竞争力及交通垂直行业的综合实力具有重要意义。

本书由国家重点研发计划"高速公路智能车路协同系统集成应用"项目(项目编号:2019YFB1600100)资助,主要面向公路交通行业技术人员和自动驾驶工程技术人员,包括从事智慧交通及自动驾驶方面研究的学者和期望进行高速公路车路协同系统改造的从业人员。本书也可作为信息与通信工程、交通运输工程、物联网工程、控制科学与工程、电子科学与技术、计算机科学与技术等相关专业研究生和高年级本科生的教材和参考书。

由于编者水平有限,书中难免存在错误和不足,敬请读者批评指正。

编写组
2022年11月

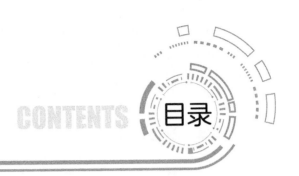

# 目录

第一章　绪论 …………………………………………………………………… 001

　　第一节　高速公路智能车路协同系统研究背景 ………………………… 001
　　第二节　营运车辆预报警装备产业发展情况 …………………………… 003
　　第三节　基于空间点过程建模与D2D通信技术研究现状 ……………… 005

第二章　国外车路协同技术发展情况与启示 ………………………………… 011

　　第一节　德国智能车路协同技术发展情况 ……………………………… 011
　　第二节　欧盟智能车路协同技术发展情况 ……………………………… 012
　　第三节　日本智能车路协同技术发展情况 ……………………………… 012
　　第四节　美国智能车路协同技术发展情况 ……………………………… 013

第三章　智能车路协同营运车辆预报警装备关键技术 ……………………… 014

　　第一节　营运车辆预报警装备关键技术研究现状 ……………………… 014
　　第二节　营运车辆预报警技术研究 ……………………………………… 020
　　第三节　基于V2X协同技术的车辆碰撞预警研究 ……………………… 043
　　第四节　车载预报警设备性能试验验证 ………………………………… 058

第四章　智能路侧设备关键技术 ……………………………………………… 066

　　第一节　智能路侧设备关键技术研究现状 ……………………………… 066

第二节　路侧环境感知技术 ………………………………………… 068
　　　第三节　信息通信技术 …………………………………………… 086
　　　第四节　数据融合技术 …………………………………………… 090

第五章　路侧智能感知与通信设备优化布设 ………………………………… 127
　　　第一节　研究背景 ………………………………………………… 127
　　　第二节　基于伯努利点过程的有限区域 D2D 网络建模 ………… 128
　　　第三节　有限区域 D2D 网络的性能分析 ………………………… 129
　　　第四节　仿真结果与分析 ………………………………………… 139

第六章　成果与展望 ……………………………………………………… 144
　　　第一节　取得的成果 ……………………………………………… 144
　　　第二节　展望及未来研究工作 …………………………………… 145

参考文献 …………………………………………………………………… 146

# 第一章 绪论

## 第一节 高速公路智能车路协同系统研究背景

高速公路是指能适应年平均昼夜交通量为 2.5 万辆以上、专供汽车分道高速行驶,并可自由控制出入的公路。一个国家的高速公路里程数量在一定程度上反映该国的交通及社会经济发展水平,截至 2021 年,我国高速公路总里程达 16.91 万 km。高速公路的飞速发展极大地促进了公路货物运输的发展,2022 年,我国公路运输的市场规模超过 5 万亿元人民币,已成为世界最大的公路运输市场。根据《2021 年交通运输行业发展统计公报》中的统计数据,2021 年全年完成交通固定资产投资 36220 亿元,比 2020 年增长 4.1%,全国全年完成营业性货运量 521.6 亿 t、同比增长 12.3%,完成货物周转量 218181.32 亿 t·km、同比增长 10.9%,公路总里程 5280700km,比上年末增加 82600km,其中高速公路里程 169100km,增加 8100km。

截至 2021 年底,全国高速公路通车里程已突破 16 万 km,完成了高速公路规划里程的 90% 以上,高速公路网的规模效应已经显现,网络化交通运行特征明显,中东部地区高速公路跨省出行量占全部公路出行量的 30%~40%,高速公路客货运周转量已经占全社会公路客货运输总量的 30% 以上,是中长距离客货运输的主要承担者。另外,智能车辆的发展与应用已是大势所趋,根据研究咨询机构埃信华迈(IHS Markit)的报告,到 2025 年左右,普通家庭将能享受自动驾驶技术带来的安全便捷的驾驶体验;Lux Research 报告认为,到 2030 年,具备二级及以上自动化水平的汽车占比将达到 92%,今后 10 年将出现智能化、网联化车辆与人工驾驶车辆共存、混行的新形态。为了适应当前高速公路交通需求的增长以及公众便捷、安全出行需求的增长，应对恶劣气象环境给出行带来的安全风险，应用智能交通技术，充分挖掘高速公路的服务能力，建设适应不同智能化程度运载工具的智慧高速是必然选择。

近年来，车路协同成为智能交通发展的新方向。车路协同项目已被列为国家重大专项（第三专项）中的重要项目，首期资金投入达百亿，扶持资金将集中在汽车电子、信息通信及软件解决方案领域。随着汽车横、纵向自动控制技术以及无线通信网络技术的飞速发展，融合物联网技术、车辆智能控制等技术使车队车辆之间互相通信成为可能，即实现车与路、车与车、车与交通管理机构之间等多方面的信息双向交换和通信。这项技术的应用在车辆本身层面便于辅助车辆驾驶，提高驾驶速度和安全性、舒适性；在整个路网层面可实现对车辆的智能化识别、定位、跟踪、监控，便于及时进行诱导和管理。

2017年3月，交通运输部发布的《营运客车安全技术条件》（JT/T 1094—2016）中明确要求：2017年4月起，车长超过9m的营运客车都需加装符合《营运车辆行驶危险预警系统的技术要求和试验方法》（JT/T 883—2014）要求的车道偏离预警（Lane Departure Warning，LDW）系统和前车碰撞预警（Forward Collision Warning，FCW）系统，以增强主动安全性能。

2017年9月发布的《机动车运行安全技术条件》（GB 7258—2017）中，也明确强调车长大于11m的公路客车和旅游客车应装备符合标准规定的车道保持辅助（Lane Keeping Assist，LKA）系统和自动紧急制动（Autonomous Emergency Braking，AEB）系统，相应车辆的自动紧急制动（AEB）系统强制安装时间点在2021年2月1日，同时还要求自2019年1月1日起，总质量小于等于3.5t的货车和专项作业车安装防抱死制动系统（Anti-locked Braking System，ABS）。

2018年6月，交通运输部办公厅发布关于推广应用智能视频监控报警技术的通知，要求在既有三类以上班线客车、旅游包车、危险货物道路运输车辆、农村客运车辆、重型营运货车（总质量12t及以上）上安装智能视频监控报警装置，新进入道路运输市场的"两客一危"车辆安装智能视频监控报警装置，实现对驾驶人不安全驾驶行为的自动识别和实时报警。

2018年，交通运输部组织制定了《营运货车安全技术条件 第1部分：载货汽车》(JT/T 1178.1—2018)标准，对营运载货汽车的安全性能和结构配置提出了基本的技术要求。标准对$N_3$类车进行了要求，规定自2020年5月1日起，满足相应条件的营运货车将需要按照JT/T 883—2014的要求具备相应的LDW功能，按照《智能运输系统 车辆前向碰撞预警系统 性能要求和测试规程》(GB/T 33577—2017)的要求具备相应的FCW功能。同时要求自2021年5月1日起，相应的载货汽车需要安装AEB系统。

2019年3月18日，交通运输部发布了《营运车辆自动紧急制动系统性能要求和测试规程》(JT/T 1242—2019)等35项交通运输行业标准(2019年第3批)。其中，JT/T 1242—2019于2019年4月1日起正式实施，正式要求符合规范要求的营运客车强制安装自动紧急制动系统，这标示着以运营客车为首的商用市场正式进入AEB元年。同时，2022年发布的《商用车辆车道保持辅助系统性能要求及试验方法》(GB/T 41796—2022)、《驾驶人注意力监测系统性能要求及试验方法》(GB/T 41797—2022)、《智能网联汽车 自动驾驶功能场地试验方法及要求》(GB/T 41798—2022)，让自动驾驶车辆的标准法规进一步完善。

综上所述，加快高速公路智能车路协同系统(Intelligent Cooperative Vehicle-Infrastructure Systems on Highways, ICVIS-H)核心技术突破和大规模集成应用，对于推动交通强国战略实施具有重要且深远的意义。研发集全息交通信息感知、计算、通信及发布于一体的智能路侧一体化设备及重点营运车辆风险预警和事故自动报警装备，构建"端-边-云"多层次紧耦合的感知计算通信一体化架构，实现面向普适交通场景的通信与计算融合及实时按需匹配，引入区块链技术及信誉评价机制，实现基于多源感知数据融合的感知信息高效可信交互，支撑基于全息感知的重点营运车辆风险精准检测和分级预报警系统的高效运行，有助于提升重点营运车辆安全技术水平，减少交通事故损失。

## 第二节 营运车辆预报警装备产业发展情况

2021年，国内商用营运货车(牵引车＋载货汽车)安装标配预报警系统的新车有65.95万辆,在中、重型营运货车新车中的占比为47.39%。总体上看,营运车辆预报警装备的搭载量还是远低于政策预期。

营运车辆和乘用车的预报警装备在具体供应商份额方面有所不同,国产一级供应商占据绝对市场份额。东软睿驰、经纬恒润、清智科技、福瑞泰克、MINI-EYE处于第一梯队,5家合计占据的市场份额将近90%。

得益于将近20年的自动驾驶研发经验,东软睿驰在高级驾驶辅助(Advanced Driving Assistance System,ADAS)领域一直保持领先优势,以24.7%的市场占有率位居榜首。东软睿驰ADAS一体机产品"X-Cube",基于前视摄像头及独有的深度学习、计算机视觉技术,提供包括FCW、LDW、LKA、AEB等10余项功能,支持识别不同类型障碍物和适应各种交通复杂场景,通过与毫米波雷达融合,可提供L2+级别的ADAS功能。与此同时,东软睿驰重磅推出的新一代自动驾驶中央计算平台,支持多路激光雷达、16路高清摄像头、毫米波雷达、超声波雷达接入,可实现整车360°的感知冗余,提供L3/L4级别自动驾驶功能。该中央计算平台基于开放的面向服务架构(Service-Oriented Architecture)以及东软睿驰自研的基础软件NeuSAR,支持整车上市后的自动驾驶功能服务发展与订阅,为主机厂提供完善的自动驾驶二次定制应用开发环境以及工具链,支持客户快速开发差异化的产品,从而打造差异化的竞争优势,同时可通过云端进行自我训练,实现自动驾驶系统全生命周期的自我进化。东软睿驰在商用车ADAS领域已为一汽解放、东风柳汽、陕汽、福田、戴姆勒、江淮、红岩等头部企业提供配套服务。

经纬恒润研发了5合1的路侧融合感知单元,将车规级量产的激光雷达、毫米波雷达、摄像头以及高性能计算(High Performance Computing,HPC)单元布置于同一设备内,实现了各传感器的同视轴一体化安装,并可对光学器件表面进行高压气流自动清洁,大大减少了设备初次安装部署、定期清洁和标定的维护时间,保障感知功能长期可靠运行,提升运维效率。针对港口场景,主要有2个应用方向:车辆与基础设施之间进行信息交换(V2I)场景可实现根据作业流对道闸自动化智能控制开闭,避免路口拥堵情况,提升港口使用效率;车辆与车辆之间进行信息交换(V2V)场景可实现转向预警以及超车、碰撞预警等功能,提升单车自动驾驶的安全性和港口作业效率。

## 第三节　基于空间点过程建模与 D2D 通信[①]技术研究现状

2011 年，Jeffrey G. Andrews 教授提出使用随机几何分析研究蜂窝网络的通信性能，并首次采用泊松点过程（Poisson Point Process，PPP）对蜂窝网络中基站的分布位置建模[1]，并基于该模型推导出了用户下行通信链路的覆盖概率与平均速率理论表达式，该表达式结果与蜂窝通信仿真数据相符，验证了 PPP 模型的准确性，并且与蒙特卡洛仿真实验相比大大缩减了运行时间，体现了随机几何分析方法的优势。此后，越来越多的研究人员使用随机几何建模方法对不同场景中的网络性能进行分析，例如：多小区蜂窝网络中上行链路的性能分析[2-3]；考虑车与车通信和蜂窝用户共享频谱时，对车与车通信可靠性以及蜂窝频谱效率的影响[4]；蜂窝网络中 D2D 的模式选择问题[5]；毫米波网络中 D2D 通信的性能分析[6]等。

### 一、基于空间点过程建模研究现状

**1. 基于泊松点过程建模研究现状**

泊松点过程中所有的点相互独立、随机均匀地分布于平面上，与实际基站部署的空间随机性相符，而其简易的分布特性可以轻易推导出表示网络性能的参数表达式。因此，研究人员基于泊松点过程对其他通信技术进行了许多研究，包含蜂窝网络上下链路性能分析、毫米波通信、大规模多入多出（Multiple-Input Multiple-Output，MIMO）系统、全双工技术等。

文献[7]使用不同密度的泊松点过程对基站与用户分别建模，对网络中用户的上行链路与下行链路的信干噪比进行分析，并提出了一种新的半双工类频分双工无线资源分配技术以缓解严重的小区间干扰。文献[8]基于 PPP 提出了一种基于负载均衡的 $k$ 层异构蜂窝网络分析模型，对比了负载均衡技术对上行链路和下行链路速率分布的不同影响。文献[9]基于 PPP 建立了一种分析毫米波蜂窝网络上行链路性能的通用框架，对比了基于距离和基于路径损失的部分功率

---

① 指两个对等的用户节点之间直接进行通信的一种通信方式。

控制方案的覆盖概率、面积频谱效率和能量效率。文献[10]基于泊松点过程重点研究了具有动态时分双工(Time Division Duplexing,TDD)的毫米波通信网络覆盖概率,对毫米波通信场景中上下链路的干扰进行分析并推导了覆盖概率表达式,发现引入动态时分双工后上行链路覆盖概率容易受到下行链路干扰,为减轻这种干扰,提出几乎空白子帧方案,在上行链路传输数据时,令进行下行链路数据传输的基站暂时停止工作。

文献[11]对具有部分导频复用的大规模 MIMO 系统的上行链路性能进行分析,采用 PPP 对网络中的基站进行建模,给出了网络边缘与网络中心用户的覆盖概率和频谱效率近似表达式,发现与统一导频复用相比,选择合适的系统参数可以改善网络中心用户的频谱效率,而网络边缘用户的频谱效率只有些微的下降。文献[12]在多蜂窝 MIMO 协作通信系统场景下,采用 PPP 模型对不同运营商基站站点建模,以中断概率和网络吞吐量作为性能指标,分析已知完全信道状态和部分信道状态两种情况的网络协作传输性能。文献[13]针对多层异构网络中全双工小小区基站的回程问题提出一种方案,考虑在宏基站下行传输的模式下,小小区基站采用非正交多址技术在下行链路信号上添加回程信号,发现当回程链路的功率达到一定程度时,使用非正交多址技术的小小区网络可获得较大的吞吐量增益。为解决非正交多址蜂窝通信系统上行链路数据传输缺乏安全性的问题,文献[14]设定用户在向基站传输数据信息时,全双工基站会发送噪声以干扰可能存在的窃听者,然后使用安全中断概率作为性能指标对模型的安全性与可靠性进行分析。

**2. 基于泊松簇过程建模研究现状**

泊松点过程模型中的点,是完全随机且独立分布的,任意两点之间不存在任何关系,使用泊松点过程对基站位置建模时,也将默认该模型中的基站节点是相互独立、毫不相关的。但是,在实际的通信网络中,基站与基站之间可能具有空间相关性(相互排斥或相互吸引)。因此,最近几年具有相互关系的点过程也被大量使用,比如硬核过程(Hard-core Processes,HCP)[15]、Ginibre 点过程(Ginibre Point Process,GPP)[16]以及泊松簇过程(Poisson Cluster Process,PCP)[17]等。这些点过程已经被证实能对具有相互吸引或者排斥关系的网络空间位置进行建模分析,尽管应用这些点过程推导求解的过程复杂性更高,但这些点过程更贴近实际场景节点部署,具有更强的实际指导意义。

泊松点过程过于简化了基站点的位置分布,在实际场景中,为满足热点区域的数据业务需求建立的微基站更加倾向于成簇部署,相比于泊松点过程,泊松簇过程更加适合对此类场景建模。文献[18]将毫米波通信与无人机网络相结合,基于Thomas簇过程提出一种三维空间模型,用于评估毫米波波段无人机网络的平均下行链路性能,无人机位于簇中心位置,用户位于簇内,研究发现当无人机在某一高度时可使得覆盖概率最大化。文献[19]考虑一种无人机辅助地面蜂窝系统通信的场景,其中基站服从PPP模型,而无人机与地面用户服从Thomas簇过程,地面用户与提供最大接收功率的设备(簇中心无人机、其他无人机、基站)进行通信,簇过程分布标准方差与无人机高度可以很大程度地影响地面用户的关联概率,当无人机高度较高时,路径损耗参数会对覆盖概率产生较大影响,但存在一个最优路径损耗参数,可以得到最优覆盖概率。

齐次泊松点过程(Homogeneous Poisson Point Process,HPPP)由于简单易处理的特性,经常被用来对多层异构蜂窝网络建模分析,不同层的基站分别服从不同密度的HPPP。文献[20]使用HPPP对多层异构蜂窝网络进行建模,考虑蜂窝用户以最大接收功率为条件选择通信基站,推导出了蜂窝用户下行链路的覆盖概率,并且发现对于开放接入的干扰受限网络,当所有层具有相同信干噪比阈值时,添加更多的层或基站不会增加也不会降低覆盖概率。然而,在现实中,每个层内和跨层的基站位置并不是完全独立的。文献[21]使用泊松簇过程和泊松点过程分别建立$k$层异构蜂窝网络模型,然后对这两种网络模型性能进行对比,发现服从泊松点过程的网络容量会随$k$的增加线性增长,而服从泊松簇过程的网络容量会随着$k$的增加逐渐趋于饱和。

文献[22]针对两层异构蜂窝网络中第一层和第二层基站之间的相关性,提出了具有排斥特性和吸引特性的两种假设模型,对于具有排斥特性的场景,利用泊松点过程和泊松孔过程分别对宏基站和微基站位置建模,微基站在宏基站一定距离以外均匀分布。对于具有吸引特性的场景,宏基站和微基站的位置采用Matern簇过程来描述,微基站在宏基站周围一定距离内均匀分布。该文献证明了在密集场景中,建立具有相互吸引特性的网络模型能够得到更加准确的结果。文献[23]针对低功率节点在城市热点区域密集分布的场景,基于泊松簇过程和泊松孔过程的组合构建了三层独立网络模型,采用不同密度的 PPP 模型对第一层基站与第二层基站建模,而第三层基站与用户以第二层基站为簇中心形成 Thomas 簇过程,为了实现对边缘用户的准确评估,对位于簇边缘的用户采用泊松洞过程建模,仿真分析后发现,第二层基站的覆盖半径对用户覆盖概率有较大的影响。文献[24]建立了一个双层异构网络模型,采用 PPP 和 PCP 分别对第一层基站与第二层基站建模,并考虑两种类型的用户分布,第一种类型为用户服从泊松点过程,与基站之间相互独立;第二种类型为用户与第二层基站有耦合关系,用户服从泊松簇过程,簇中心与第二层基站簇过程的簇中心相同,然后对比这两种分布类型下典型用户的覆盖概率。文献[25]建立两层毫米波异构网络模型,宏基站与微基站服从不同密度的泊松点过程,而对于用户的分布考虑三种情况,分别是独立均匀分布、在微基站周围正态分布形成 Thomas 簇过程、在微基站周围均匀分布形成 Matern 簇过程,然后推导了典型用户对各层基站的关联概率以及整个网络的覆盖概率。

## 二、D2D 通信技术研究现状

D2D 通信作为未来 5G 通信的关键技术之一[26],研究人员对 D2D 通信进行了大量研究,文献[27]设定两个条件来筛选可接入网络的 D2D 用户,分别为 D2D 用户、蜂窝用户的信干噪比大于设定最小门限阈值,以及 D2D 用户对蜂窝用户的干扰功率低于设定阈值,最后以网络整体吞吐量最大为优化问题来求解 D2D 用户与蜂窝用户复用频谱资源时的最佳传输功率。文献[28]基于一个单小区蜂窝通信模型,通过设置 D2D 与蜂窝用户的距离以及蜂窝用户可承受的最大干扰功率来筛选可以复用蜂窝网络的 D2D 设备,然后基于 D2D 设备的服务质量要求、等待时延以及紧急程度来进行资源分配。以上研究工作是基于六边形模型建立单一小区蜂窝网络,但六边形模型过于理想,不符合实际架构,对于当前异构网络资源分配的指导意义有限。因此许多研究人员采用随机几何点过程建立模型,对 D2D 通信的干扰控制、模式选择、资源分配等方面进行研究。

文献[29]建立了蜂窝用户与 D2D 用户均服从泊松点过程的双层网络模型,并设定蜂窝用户与距离最近的基站进行连接,然后对蜂窝链路与 D2D 链路的干扰进行分析,并讨论了覆盖概率、ASE与资源分配、功率控制之间的关系。文献[30]设定蜂窝基站、D2D设备、蜂窝用户分别服从相互独立、不同密度的泊松点过程,并在网络模型中引入空间频谱感知,即在活跃蜂窝用户一定范围内禁止D2D传输,以保证蜂窝用户的服务质量,并对蜂窝用户中断概率以及D2D用户区域频谱效率的理论表达式进行了精确表征,最后以蜂窝用户中断概率与最大化ASE为条件求解得到活跃蜂窝用户与周围D2D用户之间的最短距离。文献[31]设定蜂窝用户服从泊松点过程,而D2D用户服从泊松簇过程,在此基础上建立模型对蜂窝上行链路与D2D链路受到的干扰进行分析,同时讨论了D2D用户采用带内复用的工作模式下的最优频谱划分问题。

文献[32]使用齐次泊松点过程分别对蜂窝用户与D2D用户位置建模,讨论了位置移动(相对运动与绝对运动)对D2D用户模式选择的影响,提出使用一个半径变化的圆来表示D2D用户的通信半径,而D2D通信模式与D2D收发机之间的相对距离有关,仿真分析后发现D2D转换通信模式的频率与蜂窝基站密度的平方根近似成正比,而在某一通信模式的停留时间与蜂窝基站密度的平方根近似成反比。文献[33]针对蜂窝—D2D网络模式选择问题,设定当用户来自最近基站的接收功率大于最低设定阈值时采用蜂窝通信模式,否则采用D2D通信模式,而网络中用户的密度通过偏置因子控制。仿真发现通过调节偏置因子可以控制某一种通信模式的吞吐量,但对整个网络的吞吐量没有影响。针对D2D网络资源分配问题,文献[34]提出了一种联合信道分配和功率控制的资源分配方案,该方案考虑处于活跃状态的D2D用户同时与多个不同的蜂窝用户共享频谱资源,并根据D2D用户与蜂窝用户之间的距离为D2D链路分配传输功率。

以上研究主要对D2D用户与蜂窝用户之间的干扰进行研究,从资源分配、模式选择以及功率控制这几个方面设计不同方案,这些研究对D2D通信技术在实际场景中应用有一定的理论指导作用,但这些研究对于网络中基站、蜂窝用户以及D2D用户位置采用较为简单的泊松点过程,建立易于分析的双层网络模型,且信号在信道中传输仅考虑瑞利衰落影响,这与现实场景相比过于理想。在城市环境中,通信业务分布不均匀,D2D设备可能在蜂窝网中只构建一个有限区域的

D2D 网络,也可能在热点地区 D2D 设备成簇出现,针对这两种 D2D 应用场景,本文将采用伯努利点过程与泊松簇过程分别对 D2D 设备位置分布进行建模,并结合毫米波技术,设定网络中的阻塞模型、信道模型以及天线模型,建立更加贴近现实场景的网络模型。利用随机几何相关理论给出网络关键性能指标的理论表达式,通过变换系统参数来分析网络性能,从理论层面得到实现最优网络性能的分析结果。

# CHAPTER 2 第二章

# 国外车路协同技术发展情况与启示

## 第一节　德国智能车路协同技术发展情况

德国在传统汽车工业领域一直处于世界领先地位,为保持其领先地位,德国于2021年5月通过《自动驾驶法》,并再次修订了《道路交通法》和《机动车强制保险法》,成为了首个允许无人驾驶车辆参与日常交通并在全国范围应用的国家。

新法案指出,将允许L4级自动驾驶车辆在德国的公共道路上和指定区域内行驶,包括有固定线路的公交车、市区公共客运、非高峰时段的载客、无人物流配送、城市第一英里/最后一英里载人运输服务、自动代客停车等多模式车辆。新法案的另一个亮点为创设了针对具有"自动驾驶功能"汽车的技术监督员制度:智能汽车的保有者须承担相应的责任,维护车辆道路环境安全,并且承担相应的法律责任;为保证该责任义务的正常履行,车辆必须有一名具有专业知识的技术员作为技术监督员进行远程监控,保证自动驾驶系统的正常进行。德国的《自动驾驶法》积极吸取并总结了欧盟在人工智能和数据治理方面的最新成果,要求自动驾驶系统以保护生命安全为第一要义,并且落实"隐私设计保护"原则、数据主体的知情权和汽车制造商的信息告知义务等,明确汽车保有人的数据存储责任。

德国在数据处理和保护方面的规定仍有不足,未明确规定其他数据主体的信息安全和保护问题。数据传输存在一定的不确定性,整体传输框架和保护架构都存在一定的风险。

## 第二节　欧盟智能车路协同技术发展情况

欧洲从电子信息化技术介入着手智能交通系统(Intelligent Transportation System,ITS)的研究。由于欧盟各成员国有着不同的文化背景和法律,因此,为了实施统一的ITS,标准化就成为欧盟ITS的代表性关键词,同时欧盟十分重视道路综合运输和人员交通安全。欧洲的ITS系统和框架在不断推进完善,在2003年的ITS大会上,首次提出"eSafety"的概念,说明欧洲更加重视体系框架和标准,提高交通通信标准化,大力研发综合运输协同技术,并推动综合交通运输系统与安全技术的实用化。2020年,欧盟发布《人工智能白皮书》,提出一系列政策措施,旨在大力促进欧洲人工智能研发,同时有效应对其可能带来的风险。欧盟认为自动驾驶技术的成熟和广泛应用取决于安全性、用户接受度、AI可靠性和智能性以及测试的广度和深度。针对以上四个方面,欧盟和UNECE制定了一系列法律和法规来规范和引导自动驾驶汽车的发展,主要包括:①联合国欧洲经济委员会(Economic Commission of Europe,ECE)技术法规(自动驾驶车辆框架文件L3及以上、ALKS技术要求、AEBS技术要求、制动和转向技术要求、盲区检测技术要求、AECS技术要求);②网络安全;③软件更新;④责任认定和事故重现;⑤豁免指南;⑥道路安全;⑦交通法规;⑧基础设施;⑨定期检查;⑩其他相关规定文件。

## 第三节　日本智能车路协同技术发展情况

日本政府对自动驾驶车辆在政策上支持力度较大,因此日本各大汽车厂商在自动驾驶领域不断加大研发力度。丰田、本田在自动驾驶、车路协同板块纷纷布局,索尼、夏普、松下、东芝布局自动驾驶传感器中的激光雷达产品。日本计划在2025年在包括高速公路与普通道路在内的40多个区域实现L4级别的自动驾驶服务。日本自动驾驶汽车产业发展有以下特点:

(1)提前布局,政策支撑。日本在2013年就布局自动驾驶产业,政府还成立了战略性创新创造项目(SIP)自动驾驶推进委员会,日本警视厅、内阁、国土交通省等都针对自动驾驶产业发布了相关法律法规、测试指南、技术路线图等,并且修订了《道路交通法》和《道路交通车辆法》，从制度建设上保证了自动驾驶的合理性与安全性。在车联网方面，丰田和微软深入合作，丰田物联搜集分析车辆位置信息等大数据并将其运用于新产品开发。

（2）感知与决策。日本毫米波雷达技术成熟，爱信、电装、日立等公司拥有较为成熟的技术；激光雷达方面相对薄弱，但积极布局，先锋、OMRON等公司大力研发技术较为先进的激光雷达。

（3）车联网和高精度地图助力自动驾驶。日本各大车企积极与各通信企业合作测试应用车对外界的信息交换（V2X）。并且在高精地图方面，Dynamic Map Planform 的高精地图已覆盖日本所有高速公路，地图标准在日本广泛应用并且进行测试，日本丰田、本田、日产、马自达等多家主机厂已接受并使用该高精地图。

## 第四节　美国智能车路协同技术发展情况

相比于其他国家或地区，美国对自动驾驶汽车的支持不仅局限于政策研究、技术开发等方面，在封闭/公开道路测试和示范区建设方面也非常重视。美国首先在示范区内搭建多样化场景，在较为可控的示范区进行自动驾驶功能测试；其次在公开道路进行道路测试，在实操中发现最真实的问题，不断探索、积累经验、优化性能，推动技术改革创新。美国是全球范围对于自动驾驶接受度最高的国家，因此也是全球路测开放城市最多的国家。早期中国政府对于自动驾驶持谨慎态度时，小马智行重卡的路试大部分在美国进行。美国最大的优势是总体环境较为开放、政策支持度高，环境政策先行，自动驾驶测试数据量就得以积累，截至2020年3月，美国已经有80多家自动驾驶公司，有36个州允许自动驾驶车辆在公开道路上测试。美国于2016年公布《联邦自动驾驶汽车政策》，2020年1月正式发布新版自动驾驶汽车指导文件《确保美国在自动驾驶技术领域的领先地位：自动驾驶汽车4.0》，旨在通过自动驾驶技术的帮助，实现更安全、更好、更包容的交通运输。

美国于2021年6月29发布了美国史上最严的自动驾驶监管命令，此前美国车辆安全法规联邦机动车安全标准（Federal Motor Vehicle Safety Standards，FMVSS）是由企业自我测试认证再官方备案，假设企业是诚信的，发现造假再重重处罚。

# 第三章

# 智能车路协同营运车辆预报警装备关键技术

## 第一节 营运车辆预报警装备关键技术研究现状

### 一、研究背景及意义

当前,随着《国务院关于进一步加强企业安全生产工作的通知》的推行,为了使得从事旅游的包车、三类以上班线客车和运输危险化学品、烟花爆竹、民用爆炸物品的道路专用车辆的道路行驶安全能够得到保障,越来越多"两客一危"营运车辆安装了符合《道路运输车辆卫星定位系统车载终端技术要求》(JT/T 794—2011)规定的卫星定位装置,在安装这类设备后,车辆会与相应的运营管理平台连接,管理平台可实现数据采集、监测、事件预警等一系列功能,如图3-1所示。

然而,上述预报警功能只局限于使用摄像头配合毫米波雷达实现单车智能,与其他交通参与者无任何信息交互,当下"两客一危"车辆与监管平台之间只有信息的上传及下发,监管平台并不提供车车、车路的交互指引信息。这造成了现有产品技术局限性强的问题,单车智能设备容易受到气象、信号屏蔽等因素干扰,误识别、误报警或不工作的概率很高。"两客一危"等营运车辆在北斗定位监控过程中,由于建筑物遮挡、其他定位信号干扰或恶劣天气等因素影响,常常出现定位漂移现象,导致定位精度下降格式影响营运车辆业务正常开展。比如,已有研究指出雾霾会对定位精度造成明显的影响,使其测出的基线长度、点位精度发生明显的变化。由于环境问题导致的单车智能事故目前已经屡见不鲜。

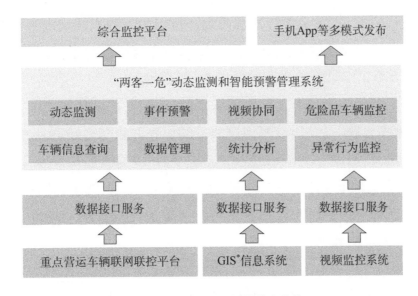

图 3-1 "两客一危"智能动态架构

注：* 地理信息系统（Geographic Information System，GIS）。

**大雾天气事故案例：**

2016 年 1 月 20 日，雾天，京港澳高速公路河北邯郸段发生一起追尾事故，一辆特斯拉轿车在自动驾驶功能开启状态下，由于能见度较低未能识别前方慢行的道路清扫车，导致直接撞上道路清扫车，特斯拉轿车当场损坏，驾驶人不幸身亡，事故车辆如图 3-2 所示。

**晴天光强过高事故案例：**

2016 年 6 月 30 日，一辆特斯拉轿车在自动驾驶模式下，因视觉感知系统存在漏检引发了致死事故，漏检原因是在特斯拉轿车前方与它垂直行驶的白色拖挂车突然覆盖住了特斯拉之前识别到的蓝天，晴朗天气下强烈光线的照射使摄像头未能分辨出白色拖车和天空，从而引发了该事故，事故现场如图 3-3 所示。

图 3-2 特斯拉轿车大雾天气事故

图 3-3 特斯拉轿车强光环境下事故

对于使用摄像头、雷达等传感器感知环境辅助驾驶人驾驶的智能车辆,雨、雪、雾、光照等复杂天气因素除了会影响车辆前方能见度或造成路面湿滑以外,更重要的是严重削弱了智能汽车的环境感知识别能力。

对于主推摄像头识别方案的特斯拉来说,摄像头在自动驾驶中有着举足轻重的地位,就像人眼一样,用以辨识道路上的信号灯和交通标志,保证自身遵循交通规则。但是,摄像头在传感器中属于被动型,极易受到环境变化的影响,能见度较低时效果不理想,对光照、眩光、视角、尺度、阴影、污损、背景干扰和目标遮挡等诸多不确定因素较为敏感。雨雪等恶劣天气对自动驾驶汽车的视觉影响更为严重,不仅影响镜头本身的感知能力,还会造成其他的干扰,如:雨滴容易附着在镜头上,造成图像扭曲,还会使周边环境发生变化;雨雪会使周边的环境变得模糊,严重影响图像算法对环境的辨识;此外,雨雪会改变道路原本清晰的各种交通标志、车道线等。这些都会对摄像头识别标志物和提取特征造成一定的困难,出现识别失败甚至是错误的情况。不仅是摄像头,在当前发展阶段,毫米波雷达、激光雷达等各类传感器在复杂环境条件下都存在不同程度的局限性和不适应性,随着智能网联汽车的逐渐推广应用,复杂气象环境下智能网联汽车的安全性将成为汽车安全领域更严峻的技术困境。

因此,V2X技术应运而生,在车路、车车等多种方式的共同协同下,智能汽车在不利环境下行驶时,对于周围的感知精度将大大提升,对于交通事件的判断和预报警也将更加精确。研发V2X技术和设备可以为"两客一危"等重点营运车辆的行驶安全提供更稳定的保障,也有助于更加全面地监控车辆信息。

## 二、国内外技术现状

目前,在营运车辆上使用的车载终端,在道路预报警方面的功能主要有车速报警、车道偏离预警功能、前车碰撞预警功能、盲区预警功能等,这些功能的实现主要依赖于安装在车上的可以观察到各个方向的摄像头以及毫米波雷达等设备,通过图像识别技术以及北斗定位技术实现车辆状态感知。下面主要对上述几个功能进行介绍。

**1. 车速预警**

高速公路上,货车的限速一般较低,通过北斗卫星定位系统可以对安装设备的车辆进行精确定位,进一步根据时间的变化以及车辆位置的改变计算出车辆的实时速度,结合道路的限速要求即可实现车速预警功能,如图3-4所示。

图3-4 高速公路限速标志

**2. 车道偏离预警**

车道偏离预警主要通过以下三个功能来实现:车道检测、车道建模以及车道跟踪。车道检测和偏离预警系统框图如图3-5所示。

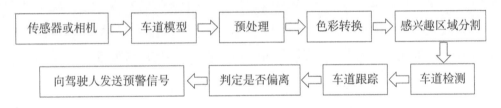

图3-5 车道检测和偏离预警系统框图

首先是车道检测,车道检测在车道偏离预警系统中起着重要的作用。它可以检测复杂环境下的车道标记,并用其估计车辆相对于车道的位置和轨迹。车道检测任务包含以下两个步骤——边缘检测和车道检测。边缘检测主要步骤为:①首先对图像进行平滑处理来降低噪声;②边缘点的检测,对图像进行局部运算,提取所有可能是边缘点的点;③边缘定位,在上述获得的候选边缘点中,通过这一步选择真正代表车道边缘的点。有很多种方法可以进行边缘检测,如Sobel、Canny、转向滤波器、二维有限长单位冲击响应(FIR)滤波器等。车道检测是一个重要的步骤,将特征提取阶段与跟踪阶段联系在一起。在车道检测中,根据所提取的特征对实际车道位置进行预测。当获得边缘图像后,可以最终确定车道的边界,如图3-6所示。

在进行车道检测时,会做出一些假设,如:绘制车道标记时比其他部分的颜色更亮；沿着车道时标记变化的方向过渡平滑；车道标记中心的左右两侧是平行的。车道检测有两种常用方法，一是基于特征的方法，二是基于模型的方法。基于特征的方法是通过提取道路图像中的低级特征来定位其中的车道，如 J. Niu 等人的研究，他们在车道检测过程中的特征提取有两步，先是利用改进的霍夫（Hough）变换提取小段的车道轮廓，然后使用基于密度的带噪声应用（Pensity-Based Spatial Clustering of Applications With Noise, DBSCAN）聚类算法进行聚类。基于模型的方法——车道建模用于获取道路车道标记的数学描述，到目前为止各种基于视觉的车道检测技术提出了不同的车道模型，为了模拟道路，有些算法使用直线，有些算法使用更复杂的曲线，如抛物线、双曲线、B 样条曲线和回旋曲线等。在线性模型中，假设车道是直的，即假定检测范围内的车道标记为直线。尽管线性模型很简单，但是只能用于照相机系统有限的检测范围内，不能广泛应用。在车道偏离预警系统中，要求在几秒前计算出车辆的轨迹，而对于高速公路而言，则需要对 30~40m 或者更长的距离进行精确的车道建模，以便捕捉 1s 的车道跨越边界时间（Time to Lane Crossing, TLC）。所以在这种情况下，复杂的车道模型效果会更好，如基于抛物线或基于样条线的车道模型。从简单的直线模型到复杂的样条模型，车道标记的数学描述是通过这些不同的车道模型实现的。简单的模型不能十分准确地表示车道的形状，而复杂的模型会产生较高的计算成本，同时也会增加误检的可能性。

图 3-6　车道线检测

车道跟踪技术用于对下一图像中的车道位置进行预估，使车道偏离检测系统可以对车辆相对于公路的位置进行估测并对车辆的位置信息进行更新。由于帧序列之间的时空连续性，连续两帧之间的位置不会有过大偏差，可以用上一帧获取的车道位置信息对下一帧的车道进行预测。在进行车道跟踪的过程中,以往的道路几何知识对新图像中车道边界的位置和方向有较强的限制。为了克服这些限制,学者们应用了卡尔曼滤波器、扩展卡尔曼滤波器、粒子滤波器、退火粒子滤波器和超粒子滤波器,这些滤波器在车道跟踪中都有较好的应用效果。使用卡尔曼滤波器对目标进行跟踪并预测其特征位置的算法包含两步:第一步是对系统的状态进行预估,第二步则是通过噪声测量来精确系统的预估。由于其具有简单、易处理和稳定性好等特点,卡尔曼滤波被广泛应用于车道跟踪分析中,但只能应用于线性系统。针对这一缺点,扩展卡尔曼滤波器通过使用简单的线性化非线性模型对其进行弥补。使用粒子滤波法对车道进行跟踪具有处理非高斯不确定性和多重假设的能力。H. Zhao 等人使用退火粒子滤波器进行车道跟踪,通过边缘图的角度信息来确定粒子权重。与传统粒子滤波器相比,在退火粒子滤波器中每帧的计算时间都有显著的缩短。通过基于可塑模板方法的图像形状似然(Likelihood of Image Shape,LOIS)方法来对车道进行逐帧跟踪。在跟踪过程中,可以用上一帧获取的车道位置信息对下一帧的车道进行预测。LOIS 会输出包括当前车道曲率、方向和偏移量的数据,这些结果与卡尔曼滤波器得到的结果一起用于预测车辆相对车道的位置。Wang 等人对重采样粒子滤波器和高斯粒子滤波器的性能进行了比较。基于似然函数的高斯和粒子滤波器法包含特征图谱,可以更好地进行车道跟踪。车道检测与跟踪流程如图 3-7 所示。

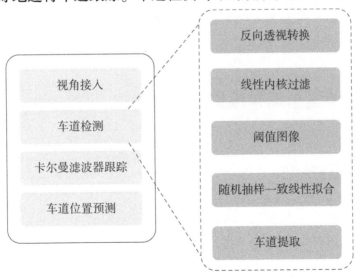

图 3-7　车道检测与跟踪

车道偏离预警系统会不断对车辆与其任一侧车道标记的相对位置进行监控,并在车辆开始发生偏移时警告驾驶人。车道偏离预警系统会在以下两种情况时发出警告:①车辆过于靠近车道边界;②车辆的偏离速度过高,即车辆靠近车道边界的速度过快。

**3. 前车碰撞预警**

前车碰撞预警(FCW)系统主要通过对道路前方的目标车辆进行检测,计算出相应的碰撞危险等级,根据碰撞时间(Time to Crash,TTC)判断警告时机,并通过视觉、声音、触觉等方式警告驾驶人进行避碰操作。视觉系统相较于毫米波雷达成本更低、近距识别率高、能分辨目标与车道线的相对位置,但是环境适应性较差、算法复杂、识别效率低。常见的视觉 FCW 系统主要依靠单目视觉系统进行目标检测,主要基于机器学习、深度学习、图像特征等算法进行目标检测。其他的检测系统还有双目视觉系统以及结合毫米波雷达等检测方法的系统。

**4. 盲区预警**

此功能指实时监测驾驶人视野盲区,并在其盲区内出现其他道路使用者时发出提示或警告信息[23]。盲区监测系统的功能是建立在毫米波雷达对盲区探测的基础上的,抗干扰能力强、精准度高的毫米波雷达是盲区监测理想的传感器,毫米波雷达的工作频率以 24GHz 和 77GHz 为主。通过优化控制系统算法,盲区监测系统还可以进一步拓展出车门开启预警(Door Open Warning,DOW)和变道碰撞预警(Lane Departure Warning,LDW)等功能。

## 第二节 营运车辆预报警技术研究

### 一、车速预警技术

车速预警(Speed Warning,SW)技术包括获得精确的车辆速度以及判断车辆所在的道路交通条件两个部分,当车速不满足当下安全通行条件时,车载设备发出相应预警,协助车辆安全顺利地通过前方路段。

常见的车速确定方法有以下三种。

**1. 通过全球定位系统以及实时动态差分定位技术**（Real-time Kine matic, RTK）

定位包括伪距单点定位、载波相位定位和实时差分定位。

伪距测量是确定从卫星到接收机的距离,也就是将卫星发射到定位系统接收机的测距码信号的传播时间乘以光速得到的距离,图 3-8 是北斗卫星模型。单点定位的伪距法是利用定位系统接收机在某一时刻与四颗以上的定位系统卫星确定伪距,并从卫星导航电文中得到卫星的瞬时坐标,用距离交会法求出天线在 WGS-84 坐标系中的三维坐标。

图 3-8　北斗卫星模型

载波相位测量是为了确定定位系统卫星载波信号与接收机天线之间的相位延迟;定位系统卫星载波被调制了测距码和导航信息,接收机收到卫星信号后,首先从载波中去除测距码和卫星信息,重新获得载波,这就是所谓的重建载波。通过相位计,将卫星重构的载波与接收器中振荡器产生的信号进行比较,可以得到相位差。

定位系统实时差分定位的原理是将定位系统接收机(称为基准站)置于现有的精确地心坐标处,利用已知的地心坐标和星历计算出观测值的修正值,并通过无线电通信设备(称为数据链)将修正值发送给移动的接收机(称为移动站)。动态差分方法有多种,主要有位置差分、伪距差分、载波相位实时差分和广域差分等。

**2. 通过轮速传感器**

车辆的车轮转速与车辆轮胎周长的乘积一般与车速相等,对于现代汽车来说,轮速信息是必不可少的。车辆动态控制(Vehicle Dynamics Control,VDC)系统、车辆电子稳定程序(Electronic Stability Program,ESP)、防抱死制动系统(Anti-lock Braking System,ABS)和自动变速器的控制系统都需要轮速信息。因此,轮速传感器是现代汽车中最关键的传感器之一。一般来说,所有的转速传感器都可以作为轮速传感器,但是考虑到车轮的工作环境以及空间大小等实际因素,常用的轮速传感器主要有磁电式轮速传感器、霍尔式轮速传感器。

1) 磁电式轮速传感器

磁电式轮速传感器具有无须电能供应的特点,通常被称为无源被动式轮速传感器。其基本原理是导体和磁场发生相对运动而产生电动势。在结构上,磁电式轮速传感器由传感器头和齿圈两部分组成,传感器头由永磁铁、极轴、感应线圈等组成。图3-9为磁电式轮速传感器结构剖面图。

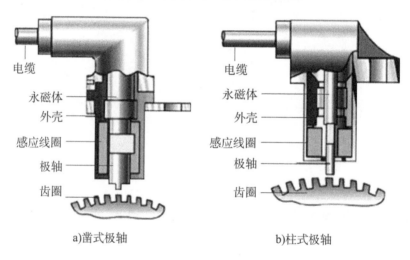

a) 凿式极轴　　　　　　　b) 柱式极轴

图 3-9　磁电式轮速传感器结构剖面图

传感器头被线圈包围直接安装在齿圈上方,传感器感应端正对齿圈齿顶,并保持径向间隙。传感器内装有电感线圈,极轴的圆柱部分贯穿线圈中心,磁钢(永磁铁)的磁力线通过线圈中心及极轴、传感器壳体、飞轮等形成闭合回路。当齿轮转动时,齿根和齿顶部分周期性地接近传感器的感应端,使磁路的气隙长度、磁阻随之变化,从而引起线圈电感和电流的改变,对于 $Z$ 齿的齿轮就产生 $Z$ 次周期变化。在传感器的输出端形成周期性正弦波,通过仪表的整形、滤波以及数据处理,在仪表指示器上指示出相应的发动机转速[35]。

磁电式轮速传感器作为利用磁电感应原理测算车速的装置，其工作原理图如图3-10所示。

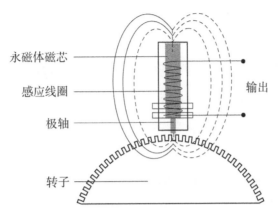

图3-10　工作原理图

当齿圈的齿缝隙与传感器的磁极头部相对时，它们之间的空气间隙达到最大值，传感器永磁性磁极产生的磁力线难以穿过齿圈，感应线圈周围的磁场最弱；当齿圈的齿顶与传感器的磁极端部相对时，磁极端部与齿顶间的空气间隙最小，感应线圈周围的磁场较强。汽车在行驶过程中，齿圈上的齿顶和齿隙交替通过永久磁铁的磁场，整个回路中的磁通量随之发生变化，在线圈中产生感应电动势。通过检测感应电动势的波形信号即可计算得到车轮转速。

2）霍尔式轮速传感器

霍尔式轮速传感器由传感头和齿圈组成。传感头由永磁体、霍尔元件和电子电路等组成，如图3-11所示。

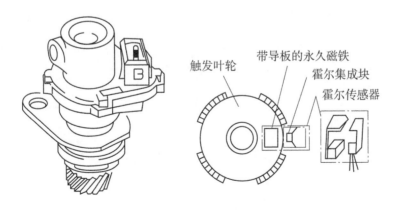

图3-11　霍尔式轮速传感器结构图

霍尔式轮速传感器利用霍尔效应原理，即在半导体薄片的两端通以控制电流,在薄片的垂直方向上施加磁场强度为 $B$ 的磁场,这时薄片的另两端便会产生一个大小与控制电流、磁感应强度 $B$ 的乘积成正比的电势,这就是霍尔电势。

用霍尔元件作为汽车的车轮转速传感器时,多采用磁感应强度 $B$ 作输入信号,磁感应强度 $B$ 随轮速变化,会产生霍尔电势脉冲,经霍尔集成电路内部的放大、整形、功放后,向外输出脉冲序列,其空占比随转盘的角速度变化。齿盘的转动交替改变磁阻,引起磁感应强度变化,即可测取传感器输出的霍尔电势脉冲。

如图3-12所示,永磁体的磁力线穿过霍尔元件通向齿轮,齿轮相当于一个集磁器。

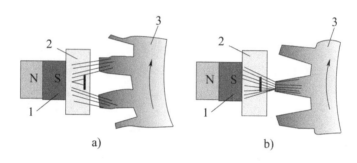

图3-12 霍尔式轮速传感器原理图
1-永磁体;2-霍尔元件;3-齿轮

(1)当齿轮位于图3-12a)所示位置时,穿过霍尔元件的磁力线分散,磁场相对较弱。

(2)当齿轮位于图3-12b)所示位置时,穿过霍尔元件的磁力线集中,磁场相对较强。

(3)齿轮转动时,使得穿过霍尔元件的磁力线密度发生变化,因而引起霍尔电压的变化,霍尔元件将输出一个 $mV$ 级的准正弦波电压,此信号再经过电子电路转换成标准的脉冲电压。脉冲的频率,即每秒钟产生的脉冲个数,反映了车轮旋转的快慢,通过计算脉冲的频率即可得知车轮转速[36]。

**3. 通过路侧设备采集**

目前国际主流的路侧设备车速采集技术就是将高速摄像头和雷达组合使用,当车辆进入探测范围内,雷达会发出两段波去探测车辆的位置,当两次发出的波都被接收到之后，根据三角函数的原理就可以计算出车辆行驶的距离，除以时间就是车辆的速度。另外还可以通过在道路上埋入两组地下感应线圈进行测速，即在固定的距离下通过测量时间来确定车速。但这种方法所获得的车速是一个固定时间段内的平均车速，与前两种方法相比，分辨率较低，只适用于一般交通监测。

传统的交通环境下，车速预警一般只通过在路段设置限速标识对驾驶人进行提醒，但驾驶人对于这种标识的重视度并不高，很容易忽略，并且很多情况下只会在限速标识前后进行速度控制，在之后的路段仍然会将速度提上来，这种警示方式的作用十分有限。目前，基于V2X的新型交通预警手段将给驾驶人提供更加明显和详细的预警信号，保证驾驶人能够清楚接收到预警信息，提高驾驶人的配合程度。

针对不同的道路交通条件，预警的方法和预警语句也会有所差异，比如弯道、直道、路口以及由于拥堵或施工等特殊情况造成的交通流变化等。针对弯道的车速预警，目前已有学者提出了先进的弯道速度警告（A-Curve Speed Warning，A-CSW）系统[37]。

通过基于网联汽车（Connected Vehicle，CV）的专用短程通信技术（Dedicated Short Range Communication，DSRC）的V2I通信，在水平弯道的整个行驶过程中提供引导性速度警告，并建立了一个带有随机效应的混合线性模型来捕捉个人的驾驶行为。同时，A-CSW系统对车辆的实时速度和位置预警是自适应的，如果路面摩擦力发生变化，则更新弯道推荐速度。与现有的基于CV的曲线警告系统相比，A-CSW系统明显提高了男性驾驶人的速度合规性。而针对不同的驾驶工具，预警也须相应地进行匹配设计，比如有文献针对消防车的弯道速度预警[38]，开发了新的弯道速度警告系统，设计了新的算法，成功使得在不影响完成测试路线总时间的前提下，降低了驾驶人在接近弯道和进入半径最小路段时的驾驶速度，同时减少了严重制动的次数和超过安全速度限制的平均弯道行驶距离。

随着车速预警技术的发展，车速辅助系统（speed assist system，SAS）作为车辆的一种智能驾驶辅助功能也相应诞生。目前，SAS实际上等于SAS-SLIF（限速提醒）与SAS-SLF（主动干预）的组合，其中，限速提醒包含了对于车道路侧限速信息的识别功能以及根据自车车速进行提醒或者报警的功能，主动干预则是在车辆速度达到了超速的状态下 SAS 对于车辆进行速度干预使其不超过最高限速的功能。

在 2021 版的 C-NCAP 中,我们可以看到除了之前已有的测试项,在可选审核项中增加了 SAS,SAS-SLIF 也明确了试验规程,测试场景如图 3-13 所示。

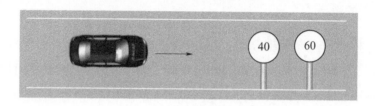

图 3-13　SAS-SLIF 测试场景

SAS-SLIF 测试分为限速识别和超速报警两种测试。

(1)限速识别测试:测试道路为至少包含一条车道的长直道,并于该路段设置限速标志牌(40km/h、60km/h)。试验开始时,车辆在车道中央沿直线行驶,车辆以等于限速值的车速行驶;距离限速牌至少 100m 时试验开始,车辆尾部驶过限速牌试验结束。

(2)超速报警测试:测试道路为至少包含一条车道的长直道,并于该路段设置限速标志牌(40km/h、60km/h),如图 3-13 所示。试验开始时,车辆在车道中央沿直线行驶,车辆以(限速值+10)km/h 的车速行驶;距离限速牌至少 100m 时试验开始,车辆尾部驶过限速牌试验结束。

要获得本可选审核项目得分,所有 SAS-SLIF 测试场景均须通过。SAS-SLIF 测试场景见表 3-1。

**SAS-SLIF 测试场景**　　　　表 3-1

| 测试类型 | 速度标识速度(km/h) | 测试车速(km/h) |
| --- | --- | --- |
| 限速识别 | 40 | 40 |
| | 60 | 60 |
| 超速报警 | 40 | 50 |
| | 60 | 70 |

## 二、车道偏离预警技术

根据美国联邦公路管理局的统计,2002 年美国所有致命的交通事故中,有44%与车道偏离有关,车道偏离也被认为是车辆翻车事故的主要原因。因此,随着计算机技术的发展,LDWS和自动驾驶技术的应用是提高道路安全的重要创新技术,它可以有效减少交通事故的发生,减少50%以上的生命损失。这是一项融合了人工智能、智能网络、传感器感知网络、计算机视觉等多种技术手段的新型应用技术。此后,随着企业的不断进步和LDWS的相关研究,越来越多的应用方案逐渐被应用于各种驾驶场景。车辆偏离预警系统主要包括基于光学相机、激光雷达和红外传感器的三种数据采集模式。由于后两者的成本高、技术难度大,目前激光雷达和红外传感器的应用很少。基于机器视觉和图像处理的LDWS是目前应用和研究的重点,该系统主要是基于视觉传感器对道路信息进行采集和定量分析,提取道路环境下的车道线,并在综合路况下完成辅助驾驶的部分功能,如车道线检测、车道保持、前车跟随等。在一定程度上,它可以缓解驾驶人的疲劳,降低交通事故的发生概率,提高道路交通安全。

  LDWS是安全驾驶辅助系统(Safe Driving Assistance System,SDAS)的一个重要模块。它是一种安全系统,可以在车辆即将或已经偏离车道时向驾驶人发出预警。LDWS本身不能通过主动控制车辆来防止可能发生的车道偏离事件,它的核心目的是警告驾驶人减少或避免车道偏离事件。LDWS通过相关传感器获取驾驶车辆附近的道路信息,然后分析驾驶车辆的状态、系统中设置的警告阈值和警告时间,计算车辆是否有偏离当前行驶车道的趋势。当驾驶车辆的转向灯没有打开,而车辆即将偏离或已经偏离时,LDWS会通过听觉、触觉或视觉的方式向驾驶人发出警告信号。LDWS一般包括车道线检测、车道线拟合、偏离决定和警告释放。LDWS有其自身的特点,具体如下:LDWS系统包含多种部件,其中一个摄像头用于识别车道标记;当LDWS识别了两侧的车道线,那么就处于待命状态,此时仪表盘内的绿色指示灯亮起;处于待命状态时,在越过标志线之前打开转向灯,就会出现警告;如果车辆接近已识别的标志线,并且系统判断车辆有可能离开行驶车道,LDWS将通过转向盘的振动引起驾驶人的注意;由于它是为在条件良好的高速公路上行驶而设计的,所以通常在速度高于65km/h时开始工作。

  基于图像处理的车道线检测流程如图3-14所示。

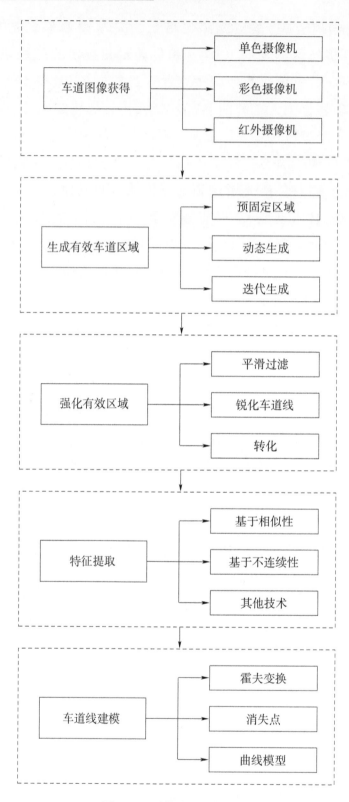

图 3-14　图像处理一般流程

随着对车辆偏离预警系统的深入研究,辅助驾驶功能不断得到完善和发展。其中,道路场景中车道线的正确检测对应用有重要影响,它在辅助驾驶系统中具有多种功能。然而,在一些场景中,也存在车道线检测精度不足的情况,道路场景中的车道线不能被快速准确地提取出来,这阻碍了辅助驾驶系统在当前汽车市场的普及和应用。车道线检测属于线性物体检测/提取,该技术具有广泛的应用前景。辅助驾驶系统中的车道线检测类似于通过图像处理和深度学习方法在航空或遥感图像中进行的道路检测,或者路面图像中的裂缝检测。因此,在道路检测和裂缝提取方面的很多算法/方法也可作为车道线检测的参考。尽管目前市场上出现了一些车辆偏离预警系统,但车道线的检测精度和速度仍然不能满足道路交通的要求。目前,有两种车道线检测方法:基于机器视觉/图像处理的车道线检测和基于语义分割的车道线检测。基于图像处理的方法在系统的实时性和稳定性方面有很强的优势,但它对场景的适应性较差,不能满足复杂多变场景的应用。基于语义分割的检测方法通过大量的数据集对模型进行训练,使模型获得较强的特征提取能力,整体上具有较强的适应性和鲁棒性;但随着模型的不断迭代,整个网络模型变得越来越复杂,需要强大的计算能力来支持。

**1. 基于路侧设备的车道偏离检测**

基于路侧设备的 LDWS 通过道路基础设施检测车辆的横向坐标位置。这个系统需要对现有道路进行改造。最经典的道路重建方法是在道路下埋入磁铁或导线,在道路上行驶的车辆通过传感器检测埋在道路下的铁磁信号,并计算信号强度,从而确定车辆在当前车道上的横向坐标位置。这种方法对行驶车辆的横向坐标位置的计算精度可以达到几厘米。但是,这种检测方法最大的缺点是需要对现有道路进行改造,这往往需要很大的成本。

**2. 基于车载设备的车道偏离检测**

基于车载设备的 LDWS 主要使用机器视觉/图像处理或红外传感器来检测车道标线的位置。根据视频采集设备安装位置的不同,基于车辆的 LDWS 可以分为侧视系统和前视系统。侧视系统:视频采集设备安装在目标车辆的侧面,并斜向指向侧面车道。前视系统:视频采集设备安装在目标车辆的前方,并向前方车道倾斜。侧视系统和前视系统的功能模块基本相同,它们都由三个基本模块组成:车辆和道路状态感知模块、车道偏离决策算法模块,以及警告信号发送模块。无论是前视系统还是侧视系统,首先利用状态感知模块测量当前道路的几何形状和驾驶车辆的相关动态参数,然后应用车道偏离决策算法来评估车道偏离的可能性。如果有偏离的趋势或正在发生偏离,它将向驾驶人发出警告信号。

**3. 测试方法与性能要求**

目前,《智能运输系统 车道偏离报警系统 性能要求与检测方法》(GB/T 26773—2011)以及《智能运输系统 道路偏离警告系统 性能要求和试验程序》(ISO 17361—2017)等标准法规均对汽车 LDWS 的定义、分类、功能、人机界面以及检测方法等进行了规定,这表明,无论是国际上还是我国,车道偏离预警技术的普及应用越来越广,配备此功能的车辆也越来越多,也许将来某一天 LDWS 会成为汽车必不可少的系统功能。

根据 GB/T 26773—2011,车道偏离系统分为两类,Ⅰ类为能在 500m 或以上的曲率半径弯道上以 20m/s 或以上速度运行时发挥作用的,Ⅱ类为能在 250m 或以上的曲率半径弯道上以 17m/s 或以上速度运行时发挥作用的,可参考表 3-2。

车道偏离系统分类　　　　表 3-2

| 参　　数 | 分　　类 | |
| --- | --- | --- |
|  | Ⅰ | Ⅱ |
| 曲率半径(m) | ≥500 | ≥250 |
| 行驶速度(m/s) | ≥20 | ≥17 |

对于 LDWS 的功能,标准给出了最低要求:监测系统状态(包括系统故障、系统失效、系统的开/关状态);向驾驶人提示当前系统的状态;探测车辆相对于车道边界的横向位置;判断是否满足报警条件;发出报警。

图 3-15 是车道偏离系统功能组成,通过图 3-15 可以对车道偏离系统的基本要求有更直观的了解。

标准还对车道偏离报警系统的性能提出了要求,针对最早以及最晚报警线,分别对不同偏离车速、乘用车或商用车、系统类别等进行了相应的规定。其中,乘用车最迟报警线位于车道边界外侧 0.3m 处,而商用车最迟报警线位于车道边界外侧 1m 处。最早报警线在车道内的位置如图 3-16、表 3-3 所示。

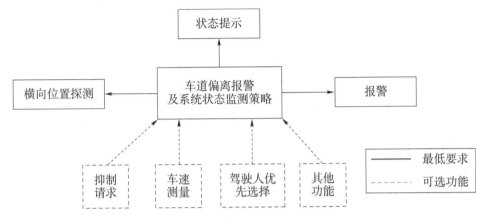

图 3-15　车道偏离系统功能组成

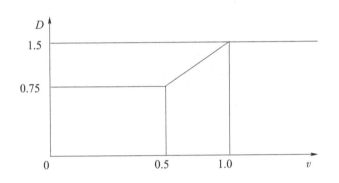

图 3-16　最早报警线位置示意图

$D$-车道边界内的最大距离(m);$v$-偏离速度(m/s)

**偏离速度与距离对应关系**　　　　　　　　　　表 3-3

| 偏离速度 $v$(m/s) | 车道边界内的最大距离(m) |
| --- | --- |
| $0<v\leqslant0.5$ | 0.75 |
| $0.5<v\leqslant1.0$ | $1.5s\times v$ |
| $v>1.0$ | 1.5 |

车道偏离系统的性能测试方法包括弯道报警测试、直道可重复性测试以及虚警测试:

(1)弯道报警测试。测试开始时车辆应基本处于车道中央,当车辆进入测试车道跟踪行驶并达到稳定状态后,车辆可向弯道内侧和外侧逐渐偏离。车辆的弯道行驶速度根据表3-2中的系统分类选取,即Ⅰ型取20~22m/s,Ⅱ型取17~19m/s。车辆应在右转弯和左转弯两种情况下,在两种偏离速度范围(0~0.4m/s和0.4~0.8m/s)内,分别向左侧和右侧各偏离一次。因此,可组合得到8种偏离情况。

(2)直道可重复性测试。此测试在直线路段进行,行驶车速根据系统的分类与弯道报警测试一致。在测试中,车辆可沿着车道中央行驶,或者选择偏离方向的另一边行驶。例如,如果将要向车道右侧偏离,则车辆可以沿左侧的车道标识行驶,反之亦然,如图3-17所示。

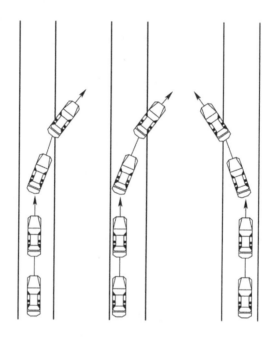

图3-17　直道可重复性测试

当车辆按照指定速度沿测试车道跟踪行驶并达到稳定状态后,车辆可向车道一侧逐渐偏离。当偏离速度满足$0.1\text{m/s}<(V_1\pm0.05)\leq0.3\text{m/s}$时,进行两组共8次测试(第一组的4次向左偏离,第二组的4次向右偏离);当偏离速度满足$0.6\text{m/s}<(V_2\pm0.05)\leq0.8\text{m/s}$时,进行另外的两组共8次测试,即共需进行16次测试,其中$V_1$和$V_2$由汽车设备制造商预先选择。

(3)虚警测试。虚警测试主要为了验证车辆不会产生非标准要求的报警,测试在总长1000m的直道进行,当车辆在非报警区域行驶时,记录系统的报警情况。

以上为 GB/T 26773—2011 对于 LDWS 的要求，ISO 的标准总体上与此差别不大。根据标准，车道偏离预警功能得到了可靠、可信的测试依据。

## 三、车距预警技术

车距预警技术主要包含最小安全车距模型、前方车辆检测以及车距计算三个部分。车辆通过传感器或 V2X 通信获得前方车辆信息和车距信息，并与本车车速进行比对，利用安全车距模型评价本车与前车的车距是否满足最小安全车距要求，若不满足，车载设备发出相应预警，提醒驾驶人注意前方车辆。图 3-18 为车距预警技术流程示意。

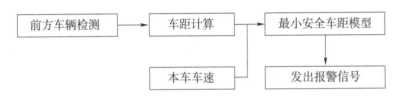

图 3-18　车距预警技术流程示意

**1. 前车车辆检测与车距计算**

目前主流的前方车距检测技术可分为三种，分别是依赖毫米波雷达、视觉传感器和 V2V 车车通信技术对前方车距进行检测。

1）依赖车载毫米波雷达对前方车距进行检测

毫米波雷达是指工作频段在毫米波频段的雷达，其利用发射和接收反射的电磁波信号来确定目标和对应位置。车载毫米波雷达通常采用 24GHz、77GHz 和 79GHz 三个频段。其中 77GHz 和 79GHz 频段的探测距离较长，对恶劣天气的适应性较好，是目前车辆前向监测雷达的主要频段。24GHz 频段的探测距离较近，但探测角度较广，常用作低速工况下的车辆前向监测雷达和车辆盲区监测雷达[39-40]。

毫米波雷达有两种测速方式。第一种是基于多普勒效应，当目标物与本车的相对移动速度不同时，电磁波回波的频率会与发射波的频率不同，测量两者的频率差值即可得到目标物相对于自车的移动速度。但当目标物相对于自车做切向运动时无法通过这种方法获得目标物的速度。此时一般通过跟踪目标的位置，进行微分计算得到其速度。

2) 依赖视觉传感器对前方车距进行检测

机器视觉通过摄像头直接拍摄采集车辆前方目标信息,可以同时获得大量的交通信息。视觉传感器一般分为单目系统和双目系统,两者都通过摄像头采集的图像数据计算目标物的距离信息。其中单目摄像头的目标物距离估算方法需要建立对应目标物的样本特征数据库,通过比对数据库的目标物特征数据估算目标物的距离。双目系统则在此基础上,增加类似人眼的"视差"距离感知,即通过计算同一物体在双目摄像头的视角差值计算目标物相对视觉传感器的距离[41]。

基于视觉识别的车距检测具有成本较低、通用性高等优点,但其对特征数据库的要求较高,还有距离测量精度较低、对识别算法的要求较高、双目摄像头匹配精度有待提高等缺点。因此,目前的主流车距测量主要基于视觉测距与其他测距方式相融合的方法。

3) V2V 车车通信技术

V2V 通信允许车辆向其他车辆发送信息并接收来自其他车辆的信息(每秒最多 10 次),带有 V2V 车车通信技术的车辆将形成网状网络。专用短程通信(DSRC)的工作频率为5.9GHz,范围约为 300m,因此,V2V 车车通信技术可以在 300m 的有效距离内感知其他车辆的存在及其运行状态,从而确定本车与其他车辆的距离。

**2. 最小安全车距模型的建立**

最小安全车距是指同一车道上两车之间保证安全行驶,既不发生追尾事故,又不降低道路通行能力的最小行车间距。最小安全车距受到道路、气象、车辆、交通等多种因素的影响,因此,在实际计算过程中需要采用不同的最小车距计算模型。车距模型可根据假设条件的不同进行修改。

1) 基于车间时距的最小安全车距模型

车间时距指在同一车道上行驶的两辆车,两车轮廓的最前端经过同一断面时的时间间隔,一般用 $h_t$ 表示,单位为 s/veh,其大小描述如下:车间时距 = 车头间距/车速。一般来说,最短车头时距参考驾驶人在实际交通环境下保持安全行驶的最小车头间距进行制定。

最小安全车距模型如下:

$$d_w = (t_0 + t_1 + t_2)v_d + d_0 \tag{3-1}$$

式中，$v_d$ 为前后两车的相对速度；$t_0$ 为两车之间的最小安全时距；$t_1$、$t_2$ 分别为驾驶人制动反应时间和制动系统延迟时间；$d_0$ 为最后停车时的两车最小车距。

2）基于制动过程的最小安全车距模型

该安全车距模型通过计算自车和前方目标车辆的制动性能来判断两车之间的安全距离。该方法的最小安全车距模型为：

$$d_w = \frac{1}{2}\left(\frac{v_1^2}{a_1} - \frac{v_2^2}{a_2}\right) + v_1(t_1 + t_2) + d_0 \tag{3-2}$$

式中，$v_1$ 为自车车速；$v_2$ 为前车车速；$a_1$ 为自车制动减速度；$a_2$ 为前车制动减速度；$t_1$、$t_2$ 分别为驾驶人制动反应时间和制动系统延迟时间；$d_0$ 为最后停车时的两车最小车距。

以上两种为最基础的最小车距模型，一般应用过程中会在此基础上进行调整和修正，以满足安全性和通行效率的平衡，提高系统在复杂交通流环境下的判断能力。

## 四、盲点预警技术

### 1. 概述

盲区监测（Blind Spot Detection，BSD）是提升高速公路营运车辆行驶安全的重要功能。因驾驶室结构设计和人眼视觉范围两方面原因，驾驶人在驾驶过程中会有一定的视野盲区范围，难以直观清晰地观察车辆周围的全部交通环境，当驾驶人未发现盲区范围内的的车辆和交通参与者并转向或变道，则极易引发交通事故。盲区监测技术利用传感器对驾乘人员的视野盲区进行探测，当盲区或接近区域内有车辆时，通过发出报警声音或者指示灯闪烁提醒驾乘人员，减少交通事故的发生。

盲区监测系统由三个部分组成，分别是信息采集模块、数据处理模块和结果输出模块。信息采集模块是利用安装在后视镜或后保险杠附近的传感器采集盲区和附近区域的信息并将采集到的数据发送给数据处理模块；数据处理模块运用算法处理采集到的信息，主要包括分析盲区内有无车辆行人和相关对象的信息、需不需要向本车驾乘人员报警两方面，并将结果发布给信息输出模块；信息输出模块可以将上述的处理结果通过显示屏进行输出或在必要时通过灯光、声音等向驾乘人员发出警报。

**2. 盲区监测的技术原理**

盲区监测主要是通过安装在车辆前后保险杠及左右后视镜的传感器来进行环境信息采集,采用不同领域的算法处理不同的传感器数据,从而准确地把握环境信息。系统根据不同环境做出判断,决定是否向驾乘人员报警。系统的关键部分在于利用传感器数据对环境进行准确的分析,区分车辆数量,以及每辆汽车相对于本车的距离信息和速度信息等,达到准确把控环境信息的目的。

目前,车载传感器主要包括激光雷达、红外相机、摄像头和微波雷达等。这些传感器都具有各自的特点。在这些传感器中,激光雷达得到的数据精度较高,但价格相对较高,而且会受到天气的影响,在雾霾、大雨等情况下,探测指标会显著下降。红外相机能够根据物体的红外特征,呈现出物体的轮廓,但是受温度影响很大,在恶劣天气下效果不佳。摄像头能得到的信息更多,但是受光照影响严重,而且一些视觉处理算法需要较高的算力来确保实时性。微波雷达的探测距离相比较远,且具备一定的测距、测速精度,不受天气影响,同时价格不高。所以,微波雷达在盲区监测系统中应用得更多。下面,将对调频连续波(Frequency-Modulated Continuous Wave,FMCW)体制、频移键控(Frequency-shift keying,FSK)体制的雷达系统的测距、测速原理进行介绍。

1)调频连续波(Frequency-Modulated Continuous Wave,FMCW)体制

FMCW 的雷达结构如图 3-19 所示,通过控制压控振荡器(Voltage controlled oscillator,VCO)的输入电压线性变化,使发射信号的频率产生线性变化,与接收的回波信号经过混频器处理之后,能够得到中段频率信号,从而从该信号中解出目标的距离、速度信息。通常情况下,FMCW 的调制方法包括固定斜率三角波调制、变斜率三角波调制、快谐波序列调制,下面对快谐波序列调制的求解过程进行介绍。

快谐波序列调制是通过雷达发射 $N$ 个大斜率短周期的锯齿波,周期为 $T$,快谐波序列调制如图 3-20 所示。对每个调制锯齿波内的中频信号作 $m$ 点的快速傅里叶变换,变换结果可以得到差频频率 $f_m$。根据该频率可以计算出目标对象

的相对距离。目标的运动速度需要通过 $nT$ 时间内发射的所有锯齿波的回波信号共同计算。根据所有发射锯齿波的中频回波信号的快速傅里叶变换结果,在距离维度上再做一次 $n$ 点的快速傅里叶变换,根据得到的二维结果求出多普勒频移 $f_v$,进而求出相对速度。

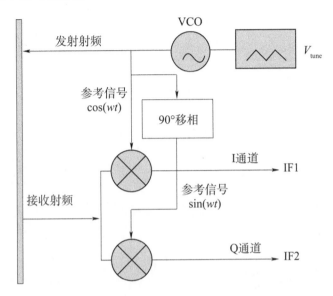

图 3-19 FMCW 体制的雷达结构示意图

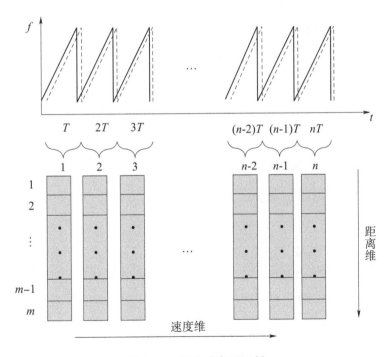

图 3-20 快谐波序列调制

$$R = \frac{TC}{2B}\left(f_m - \frac{2f_cV}{C}\right) \tag{3-3}$$

$$V = \frac{Cf_v}{2\left(f_v + \dfrac{B}{2}\right)} \tag{3-4}$$

式中，$f_c$ 为发射信号的中心频率；$B$ 为调制带宽；$T$ 为一个锯齿波调制周期；$C$ 为电磁波在空气中的传播速度。

2）频移键控（Frequency-shift Keying, FSK）体制

FSK 体制的雷达能够在一个周期内发布多种不同频率的电磁波，经过混频之后得到中频信号，之后便可根据公式算出目标的距离、速度信息。常见的调制方式有 2FSK、MFSK，本文主要介绍一下 2FSK。该调制方式发射两种不同频率的电磁波，利用两种回波的相位差求解，两种电磁波频率分别为 $f_A$、$f_B$，2FSK 调制示意图如图 3-21 所示。

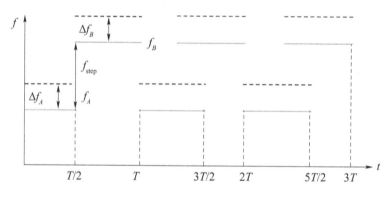

图 3-21　2FSK 调制示意图

两种回波信号的频率之差为 $f_{step}$。

多普勒频移 $\Delta f_A$ 与 $\Delta f_B$ 均包含速度信息：

$$f_d = \Delta f_A = \Delta f_B = -2v/\lambda \tag{3-5}$$

对一个发射周期内的回波进行变频处理后，再进行谱分析，就可以得到回波信号的多普勒频移 $\Delta f_A$ 对应的相位为 $\varphi_A = 2\pi f_A \tau$，$\Delta f_B$ 对应的相位为 $\varphi_B = 2\pi f_B \tau$，把 $\tau = 2R/C$ 代入可知：

$$R = C(\varphi_B - \varphi_A)/(4\pi f_{step}) \tag{3-6}$$

令 $\varphi_B - \varphi_A = \Delta\varphi$，则可知，最大无模糊距离对应 $\Delta\varphi$ 的取值范围为 $[0, 2\pi]$，FSK 体制的雷达可以如上所示，根据多普勒频移测量目标速度。

## 五、驾驶人监控技术研究

驾驶人的误操作和违规操作是造成道路事故的主要原因[42]，根据维尔吉尼亚理工大学的数据，交通意外事故是由以下因素造成：毒品/酒（35%）、拨打移动电话（20%）、读/写（16%）、情绪（生气、伤心，14%）、拿取物品（9%）、其他（6%）。

因此，驾驶人和利益相关者必须了解这些高风险驾驶方式对安全的影响，以及驾驶人监控技术对改善驾驶行为的影响程度。一般来说，当驾驶人意识到他们的驾驶方式（感知行为）的风险或后果时，他们的行为会更加安全。目前，由车载传感技术组成的 ADAS 正在开发中，其中包括的驾驶人监控系统可以监测驾驶行为，并向驾驶人提供有关其表现的直接或事后反馈和警告。目前已经有许多关于驾驶人监控系统的研究，这些系统利用计算智能技术和生理信号，如心电图、脑电图、肌电图、脑电图、光密度计、皮肤电泳反应和温度等，可以达到监测驾驶人身体内部参数的目的，并以此判断驾驶人的驾驶健康性。

驾驶人监控系统中，主要针对高风险驾驶行为相关的行为和特征进行监控识别，比如在转向盘上睡着、情绪亢奋、双手没有正确操作转向盘、注意力分散、驾驶姿势不正确等。目前对驾驶人进行监控的方法主要有使用穿戴设备、摄像头、眼球追踪器、无接触传感器如心跳监控等设备。图 3-22 是一种类似眼镜的可穿戴设备，此设备可以通过对驾驶人眼部的观察甄别驾驶人的疲劳程度，但此方法可行性和驾驶人的服从性均较低。有一些车辆企业（如广汽乘用车），更关注于驾驶人对转向盘的操控，在转向盘上安装了接触传感器或者力传感器，监测驾驶人是否保持对转向盘的控制，一旦传感器感应不到手的接触或施加在转向盘上的外力过小，系统则可判断驾驶人出现双手离开了转向盘的情况，从而发出预警。

从风险层面上，驾驶人身体健康情况和注意力情况是较为重要的两个方面。很多高风险的驾驶行为，都是源自驾驶人身体或心理上的非健康状态，如在高压力的情况下，驾驶人更容易产生过激的驾驶行为，过于轻松的情况下反而容易分散注意力。国内外的研究团队针对驾驶人压力水平进行过大量的研究：Healey[43]等人分析了24名驾驶人的心电图（electrocardiogram，ECG）、肌电图（electromyogram，EMG）、皮肤电反应（Galvanic Skin Response，GSR）和呼吸数据，建立了线性的描述模型，区分了驾驶人的低、中、高压力水平等级，精确度高达97%。Katsis等人[44]利用决策树和树状增强的天真贝叶斯分类器对驾驶人的四种情绪状况进行分类：低压力、高压力、兴奋障碍和欣快感，用这种方法测量了EMG、ECG、GSR和呼吸数据，并对这些数据进行了试验验证，首先对接受试验者的面部情绪表征进行收集，如图3-23所示，然后再对10名接受试验者的数据进行十倍交叉验证，发现分类准确率为71.9%。M. Choi等人[45]提出了一种基于身体特征的可穿戴设备（图3-24），这个设备不同于其他监测的手段，是非侵入式的，且方便程度较高的，可以将压力、疲劳和昏昏欲睡等多种不正常状况与正常状况区分开。可以看出，EMG、ECG、GSR和呼吸数据是驾驶人压力水平的显性指标，利用这些数据，对驾驶人进行监控具有较高准确度，是目前的一种主要手段。

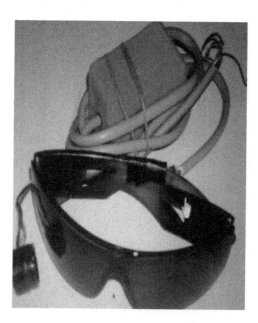

图3-22 一种可穿戴的疲劳甄别设备

而对于交通相关的机构，比如美国自动驾驶交通安全基金协会，会更关注注意力分散的层面，它提出了5个驾驶人注意力级别：专注、分散注意力（例如看向远处的道路、陷入思考、手动调整收音机音量）、看了但没有看到（认知性分心）、昏昏欲睡、未知。

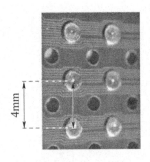

a) 薄网格多电极表面EMG传感器

b) 电极载体可以被弯曲,以实现与相关肌肉的最佳接触

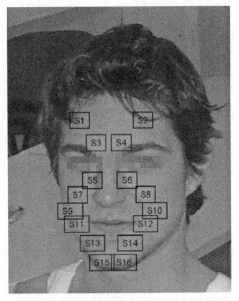

c) 受试者脸上的电极位置:额肌(S1, S2),皱纹肌(S3, S4),鼻肌-alaeque nasi(S5, S6),大颧骨(S7, S8),大肌(S9, S10),眼轮匝肌(S11, S12),压唇肌(S13, S14),脑肌(S15, S16)

图 3-23 对接受试验者的面部情绪表征进行收集

  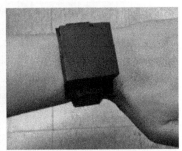

a) 外壳的3D模型　　　　b) 可穿戴设备的前视图　　　　c) 使用中的设备

图 3-24 非侵入式可穿戴设备的设计

判断上述状态的手段目前主要是使用摄像头或眼球追踪器与算法结合的方法,其中,摄像头的作用为人脸定位、识别、跟踪,眼球追踪则是根据眼球的运动进行注意力集中程度的判断,两者的作用类似,下面主要对摄像头与算法结合的方法进行介绍。

首先,人脸定位的作用是在图像中识别面部特征点以检测人脸并标记出位置;人脸识别的作用是将检测到的面部数据和已储存的数据进行匹配;人脸跟踪的作用是在每帧图像上跟踪之前图像帧里发现的人脸。在人脸识别中，根据检测出的面部特征点，结合默认的头部模型，可以得到大概的头部姿态。通过进一步跟踪已发现的面部特征和寻找更多特征，可以获取更多的数据用以添加到头部模型中，进而更新头部的几何特性。系统运行中，此过程不停地循环，从而持续输出头部的当前姿态。此时，可以得到眼睛开度等信息，基于PERCLOS❶即可判断疲劳状态。此外，得到的头部姿态可以推算出大概的视线方向。在瞳孔、角膜能够良好识别的情况下，可以进一步根据普尔钦斑点计算出准确的视线方向。再根据系统内搭建的相关零部件布置数据，就可以知道当前驾驶人的观察目标。结合当前的驾驶行为进而判断驾驶人是否注意力分散。

以极目驾驶人监测系统为例，它主要通过一个面向驾驶人的红外摄像头来实时监测驾驶人的头部、眼部、面部等细节，然后将获取到的信息数据进行模式识别，进而做出疲劳或分神状态判断。

识别准确率是驾驶人监测系统最核心的指标之一。极目DMS系统采用传统算法和深度学习，通过人脸检测与追踪、3D脸部建模等核心技术，针对打哈欠、闭眼、视线偏移等多种状态的综合识别率为95%左右，同时通过指令集优化、多线程优化、实时算法调度等优化，系统响应速度得到大幅提升。

我国的《驾驶人注意力监测系统性能要求及试验方法》也提及了各种注意力分散行为的定义，见表3-4。

**系统监测行为定义及提示信息条件**　　　　　　　表3-4

| 序号 | 行为 | 定义 | 提示信息条件 |
|---|---|---|---|
| 1 | 闭眼 | 眼睑完全闭合 | 闭眼持续时间≥2s |
| 2 | 打哈欠 | 张嘴高宽比大于0.6 | 打哈欠持续时间≥3s |
| 3 | 头部异常姿态 | 头部偏转角度左、右≥45°，上、下≥30° | 头部异常姿态持续时间≥3s |
| 4 | 接打手持电话 | 手持电话距离面部范围5cm以内 | 接打手持电话持续时间≥3s |
| 5 | 抽烟 | 手持香烟靠近嘴部范围2cm以内 | 抽烟持续时间≥2s |

其中，张嘴高宽比是嘴唇内缘的竖直高度与嘴角水平宽度的比值，闭眼指眼睛竖直宽度和水平宽度之比为0。另外，标准还要求了，系统至少应采

---

❶ 度量瞌睡/疲劳的物理量，Percentage of Eyelid Closure over the Pupil over Time。

用视觉、听觉、触觉中的2种方式来提示驾驶人,提示信息应区别于其他系统的提示信息,并且系统应默认处于待机状态,在被驾驶人关闭时,发出状态指示。

可见,为了提升道路交通安全,驾驶人监测系统的需求越来越强,人们意识到可以通过注意力集中程度这一关键指标界定危险驾驶和安全驾驶,其他的安全驾驶辅助功能基本上是在驾驶人无法集中注意力时发挥作用。相信这项技术在不久的将来会先在货车、客车等长途营运车辆上落地普及,保障高速公路、快速路的安全通行,随后在进一步的优化改良后,会普及应用于所有车辆。

## 第三节 基于V2X协同技术的车辆碰撞预警研究

### 一、V2X车辆定位异常检测技术

在基于车路协同的一些碰撞预警应用中,车辆之间需要共享位置、速度等重要信息,以帮助判断车辆间的位置关系,进而做出相应的碰撞预警决策。在此过程中,车辆需要使用高精度定位设备,然后将其写入基本安全消息(Basic Safety Message,BSM)包中发送给其他车辆。

然而,BSM包中的位置信息常常由于定位漂移、设备故障或受网络攻击篡改数据等原因,导致车辆定位数据发生异常,这将产生严重的后果:一方面使得其他车辆无法判断出定位发生异常车辆的精确位置,另一方面影响碰撞预警功能的准确性,可能导致事故的发生。

因此,亟须提出一种针对车联网的车辆定位异常检测方法,本节着重对此进行阐述和分析,并提出一种基于历史路径的检测技术,通过存储的少量历史路径数据,拟合预测出车辆的行驶方向,以此替代实时方位角数据,减少因随机误差带来的影响;进而,基于车辆运动状态方程估计出车辆在下一采样时刻的位置;最后,基于设备定位精度划分决策边界、设计置信概率,以置信概率的方式对车辆定位是否发生异常进行检测。

V2X车辆定位异常检测技术的主要实施步骤有:

(1) V2X 车辆通过安装在车身上的定位装置和 CAN 总线采集车辆位置(包括经度、纬度)、速度、纵向加速度等信息。

(2) 存储上述数据,形成车辆历史路径信息,包含 $N$ 个采样点,采样点的数量可根据道路类型(直路或弯道)以及历史路径的具体存储方法确定,在存储首次历史路径位置的初始化过程中,可结合 Map 消息集确保其在地图道路上。

(3) 对存储的位置数据进行拟合,获得拟合方程,其中,对于直路,可选择最小二乘法、梯度下降法等;对于弯路,可选择多项式拟合法等,本节主要以直路为例,并采用最小二乘拟合方法进行阐述说明。

(4) 对历史路径位置数据进行拟合(假设选取最新的 6 个采样点),设车辆经、纬度分别为 $[X_h(T), X_h(T-1), \cdots, X_h(T-5)]$ 和 $[Y_h(T), Y_h(T-1), \cdots, Y_h(T-5)]$,其中,$T$ 表示当前最新的采样点;计算出车辆经度和纬度的均值、以及 $\sum X_h Y_h$ 和 $\sum X_h^2$,并采用下述公式获得拟合直线的截距和斜率,分别设为 $K$ 和 $\alpha$。

$$K = \frac{\overline{X_h} \sum X_h Y_h - \overline{Y_h} \sum X_h^2}{(\overline{X_h})^2 - N \sum X_h^2} \quad (3\text{-}7)$$

$$\alpha = \frac{\overline{X_h Y_h} - N \sum X_h Y_h}{(\overline{X_h})^2 - N \sum X_h^2} \quad (3\text{-}8)$$

(5) 根据获得的拟合方程,计算出车辆当前位置 $[X_h(T), Y_h(T)]$ 在拟合方程上的坐标,设为 $[x_T, y_T]$,计算出采样点 $[X_h(T-1), Y_h(T-1)]$ 在拟合方程上的坐标,设为 $[x_{T-1}, y_{T-1}]$。

(6) 计算出坐标点 $[x_{T-1}, y_{T-1}]$ 指向点 $[x_T, y_T]$ 的方向与正北方向的夹角,设为 $\theta_T$,以此作为车辆当前行驶方向,避免因实时方位角随机误差引起的方向不稳定,夹角计算公式如下:

$$\theta_T = \arctan \frac{(x_T - x_{T-1}) \cos y_{T-1}}{y_T - y_{T-1}} \quad (3\text{-}9)$$

(7) 假设历史路径所存储的数据中,当前时刻的行驶速度为 $v_T$,当前时刻的纵向加速度为 $a_T$,下一时刻的位置经度为 $x_{T+1}$,下一时刻的位置纬度为 $y_{T+1}$;采样

时间为 $\tau$,地球半径为 $R$,采用步骤 5 和步骤 6 中的数据,根据车辆运动状态方程可以估计出下一时刻的车辆经、纬度位置 $x_{T+1}$ 与 $y_{T+1}$,即:

$$x_{T+1} = \left(v_T\tau + \frac{1}{2}a_T\tau^2\right) \times \sin(\theta_T)/R/\cos(y_T) + x_T \qquad (3-10)$$

$$y_{T+1} = \left(v_T\tau + \frac{1}{2}a_T\tau^2\right) \times \cos(\theta_T)/R + y_T \qquad (3-11)$$

(8)由于任何测量设备都有误差,定位系统也不例外,会有定位误差,下面将基于其定位精度设计决策边界和置信概率,假设定位系统的定位精度为 $m$m,则置信概率的计算公式设计如下:

$$p = e^{\frac{d}{m}\ln\alpha} \quad (0 < \alpha < 1) \qquad (3-12)$$

式中,$d$ 为定位系统设备在 $T+1$ 时刻获取的实际经纬度与点 $[x_{T+1}, y_{T+1}]$ 之间的距离,用 $d$ 来设计置信概率,是因为其涵盖了横、纵两个方向的决策边界;$\alpha$ 为所设定的异常检测边界信任值(本例中可设为 0.5),可以看到当 $d=0$ 时,置信概率为 1,表示定位系统设备在 $T+1$ 时刻获取的实际经纬度与步骤 7 中依据状态方程估计的经纬度一致,当 $d=m$ 时,置信概率为 $\alpha$,此时,定位系统设备在 $T+1$ 时刻获取的实际经纬度恰好在其误差边界上。

(9)获取 V2X 车辆行驶中定位系统设备在 $T+1$ 时刻的定位数据,并计算其与点 $[x_{T+1}, y_{T+1}]$ 之间的距离,输入到步骤 8 的公式中,得到置信概率,以此检测定位数据是否发生异常。

(10)当置信概率 $p \geq \alpha$ 的时候,保留该时刻的车辆定位数据,同时删除历史路径中最早的采样点数据,更新历史路径采样点;当置信概率 $p < \alpha$ 的时候,则可认定该时刻的车辆定位数据存在异常,不予进行存储,可使用步骤 7 中估测的经纬度位置替换,并更新历史路径采样点。

本节提出的车辆定位数据异常检测方法流程图如图 3-25 所示。

## 二、弯道路况下的车辆碰撞预警技术

车辆碰撞预警主要包括直路和弯道预警,直路预警相对简单,弯道预警的分析则较为复杂,这是因为实际道路中的弯道一般为变曲率弯道,因此,很难通过计算曲率半径获得车辆目标分类结果,而且,弯道的预警距离也由于并非视距,较难计算。为了能够在弯道路况中实现车辆碰撞预警,需要考虑融合历史路径和行驶状态的弯道车辆目标分类方法,以及基于历史路径来计算车辆碰撞距离的方法。这一部分着重阐述弯道路况下的车辆碰撞预警技术,主要包括弯道车辆目标分类和弯道碰撞距离计算两部分。

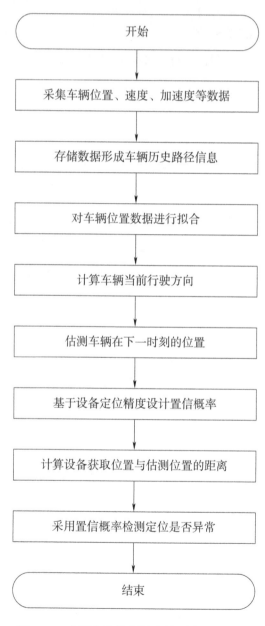

图3-25 车辆定位数据异常检测方法流程图

**1. 弯道车辆目标分类**

基于车辆网联化的碰撞预警系统依赖于本车和远车的车身数据,包括经纬度、速度、行驶方向等。预警应用场景包括交叉路口碰撞预警、紧急制动预警、逆向超车碰撞预警等。预警产生前,需要对周边车辆进行目标分类,例如,紧急制动预警产生的前提是预测远车和本车同向行驶、且远车在本车的正前方或左、右邻道上。

车辆目标分类主要包括直路分类和弯道分类,弯道分类相比于直路分类,分析较为复杂。为了能够在弯道路况中针对各种情形准确分类,笔者提出一种融合历史路径和行驶状态的弯道车辆目标分类方法,通过计算存储的转向盘转角数据的均值特征判定本车和远车是否同向行驶;通过比较距离历史路径最近点是否为最新存储点判定远车在本车的前方或后方;通过转向盘转角数据判定车辆是否在稳定行驶(是否有变道行为)。进而,针对每一种行驶状态,结合稳态分类和变道结果做出最终决策。笔者提出的弯道车辆目标分类技术全面考虑了车辆的行驶状态,因此,能够有效地提升弯道车辆目标分类的准确性,从而促进网联化碰撞预警系统在全路况场景中的应用。

1)前车稳定行驶弯道目标分类

通过安装在车身上的装置实时采集本车和远车的位置数据,包括经度和纬度;通过 CAN 总线实时采集转向盘转角数据,并对位置数据和转向盘转角数据进行存储,存储的路径长度约为 200m,设采样点序号分别为 $N_1, N_2, \cdots, N_k$,$N_k$ 为最新存储点;计算出存储的转向盘转角数据的均值特征,设远车转向盘转角均值为 $\mu_r$,本车转向盘转角均值为 $\mu_h$,若两者同号(同为正或同为负),则判定两车同向行驶,若异号,则判定两车反向行驶,如图 3-26 所示。

若两车同向或反向行驶,需计算本车当前位置到远车历史路径采样点的距离,找到距离最近的采样点,并根据其是否为最新存储的采样点来判定远车在本车的前方或后方;选取前方车辆的历史路径作为参考历史路径,用于后续计算;计算后车到参考历史路径采样点的距离,找到距离最近的两个采样点,分别设为 $N_h$ 和 $N_{h-1}$;计算 $N_{h-1}$ 指向 $N_h$ 的方向与正北方向的夹角 $\varphi_1$,以及后车当前位置指向 $N_h$ 方向与正北方向的夹角 $\varphi_2$,顺时针为正,逆时针为负;计算出夹角 $\varphi_1$ 与夹角 $\varphi_2$ 间的差值 $\varphi$,并计算出后车当前位置到 $N_{h-1}$、$N_h$ 两点连线的距离 $d$。对于固定的车道宽度(例如 3.5m),根据 $d$ 和 $\varphi$ 的大小确定后车相对于前车的位置关系，包括同道、邻道和远邻道，具体为：

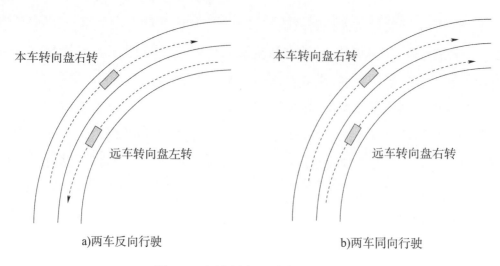

a) 两车反向行驶　　　　　　　b) 两车同向行驶

图 3-26　两车同向、反向行驶示意图

如果 $d<1.75$，则前车和后车为同车道；

如果 $1.75\leqslant d<5.25$ 且 $\varphi<0$，则前车相对于后车为右邻分类；

如果 $1.75\leqslant d<5.25$ 且 $\varphi>0$，则前车相对于后车为左邻分类；

如果 $d\geqslant 5.25$ 且 $\varphi<0$，则前车相对于后车为右远邻分类；

如果 $d\geqslant 5.25$ 且 $\varphi>0$，则前车相对于后车为左远邻分类。

2) 前车变道行驶弯道目标分类

在前文中，已完成稳定行驶状态下前车相对于后车的位置分类，下面，将结合车辆的行驶状态，确定最终分类结果。根据转向盘转角数据判定车辆行驶状态，主要包含弯道稳定行驶、变道中和完成变道三种状态，如图 3-27 所示。

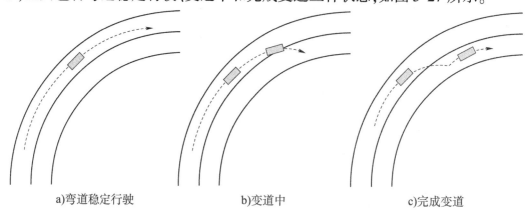

a) 弯道稳定行驶　　　　b) 变道中　　　　c) 完成变道

图 3-27　弯道中的三种行驶状态

结合车辆行驶状态识别结果,确定最终分类,若识别前车行驶状态为弯道稳定行驶,则上述分类结果不变;若识别前车行驶状态为变道中,则需要根据转向盘转角数据判定前车为向内变道或向外变道,同时计算出前车当前位置到变道前稳定历史路径的距离,根据此距离和车道宽度的比较判定前车是否完成变道,结合该结果和前文所述的分类结果决策确定当前分类;若识别前车行驶状态为完成变道,则需要计算出前车变道后稳定历史路径到变道前稳定历史路径的距离,根据该距离判定前车变道情况,结合该结果和前文所述的分类结果决策确定当前分类。

融合历史路径和行驶状态的弯道车辆目标分类方法流程图如图3-28所示。

**2. 弯道车辆碰撞距离**

在车联网以及车路协同系统中,碰撞预警功能必不可少。而预警的前提是估计出本车与前车之间的碰撞距离,再根据两车车速及加速度进行判断决策。在直路行驶时,预测两车之间的碰撞距离比较简单,可以根据定位设备定位出的两车实时经纬度进行计算,或者根据雷达装置估算距离。然而在实际弯道路况下(多数为变曲率弯道),上述两种方法将不再适用,会产生较大的计算误差,因此,亟须开发一种用于变曲率弯道车辆碰撞距离的计算方法。

这里提出一种基于前车历史路径数据的弯道车辆碰撞距离计算方法,通过存储一系列简洁的路径采样点,来描述一段时间、距离内车辆的运动,它能够精准有效地估算出前车与后车之间的碰撞距离,进而为碰撞预警系统提供准确的输入信息。该方法首先对存储的历史路径转向盘转角数据进行分析,将车辆行驶状态分为稳定行驶与变道行驶两大类;进而针对每一种类型,应用历史路径经纬度及方位角数据,分别采用不同的方法计算出两车之间的碰撞距离。

1)前车稳定行驶弯道碰撞距离

若前车为稳定行驶,则后车与前车之间的碰撞距离计算规则如下:

基于经纬度数据,分别计算前车历史路径中每个采样点与后车当前位置之间的距离;找到距离最小时前车历史路径中所对应的采样点编号,设为$N_r$;对于$N_r$到$N_k$($N_k$为最新存储点)之间的采样点,每两点分别计算欧式距离,并进行距离叠加计算,得到总的碰撞距离$s$,$s$计算公式如下。

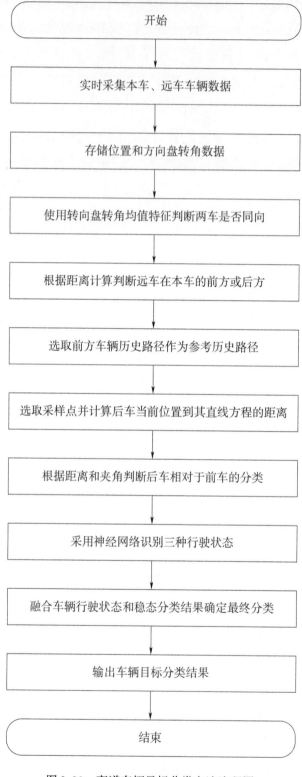

图 3-28 弯道车辆目标分类方法流程图

$$s = d(N_r, N_{r+1}) + d(N_{r+1}, N_{r+2}) + \cdots + d(N_{k-1}, N_k) \tag{3-13}$$

式中,$d(N_r, N_{r+1})$表示采样点$N_r$和点$N_{r+1}$之间的距离,它可以通过两者经纬度计算得到;$d(N_{r+1}, N_{r+2})$、$d(N_{k-1}, N_k)$等定义同上。若后车相对于前车为同车道分类,则后车与前车之间的碰撞距离即为$s$;若后车相对于前车为相邻车道行驶(此时计算后车与前车的距离应该以后车所在车道为准,存在的碰撞危险场景包括前车变道/失控等),因此,需要校正上述距离$s$,得到$\bar{s}$;若后车当前位置相对前车为内侧邻道分类,车道宽度为$w$,则$\bar{s} = s - |\theta_k - \theta_r|w$,其中,$\theta_k$、$\theta_r$表示编号为$N_k$、$N_r$采样点所对应的方位角,单位为弧度;若后车当前位置相对前车为外侧邻道分类,车道宽度为$w$,则$\bar{s} = s + |\theta_k - \theta_r|w$,其中,$\theta_k$、$\theta_r$表示编号为$N_k$、$N_r$采样点所对应的方位角。

2) 前车变道行驶弯道碰撞距离

若前车历史路径所对应的行驶状态包含变道行驶,且前车向内侧变道后与后车同车道,如图3-29所示,则后车与前车之间的碰撞距离计算规则如下。

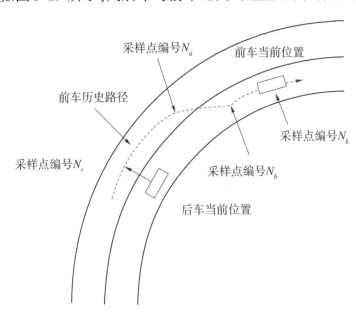

图3-29 前车向内侧变道后与后车同车道示意图

设刚变道时历史路径编号为$N_a$,结束变道时历史路径采样点编号为$N_b$,后车与前车历史路径中距离最近采样点所对应的编号为$N_r$,最新存储点编号为$N_k$,车道宽度为$w$,$\theta_a$、$\theta_r$表示编号为$N_a$、$N_r$采样点所对应的方位角,后车当前位置为$Q_r$;若$N_r \in (N_1, N_a)$,则两车之间的碰撞距离$s = s_1 + s_2 + s_3$,其中:

$$s_1 = d(N_r, N_{r+1}) + d(N_{r+1}, N_{r+2}) + \cdots + d(N_{a-1}, N_a) - |\theta_a - \theta_r|w \quad (3\text{-}14)$$

$$s_2 = \sqrt{d(N_a, N_b)^2 - w^2} \quad (3\text{-}15)$$

$$s_3 = d(N_b, N_{b+1}) + d(N_{b+1}, N_{b+2}) + \cdots + d(N_{k-1}, N_k) \quad (3\text{-}16)$$

若 $N_r \in (N_a, N_b)$，则两车之间的碰撞距离 $s = s_2 + s_3$，其中：

$$s_2 = d(Q_r, N_b) \quad (3\text{-}17)$$

$$s_3 = d(N_b, N_{b+1}) + d(N_{b+1}, N_{b+2}) + \cdots + d(N_{k-1}, N_k) \quad (3\text{-}18)$$

若 $N_r \in (N_b, N_k)$，则两车之间的碰撞距离 $s = s_3$，其中：

$$s_3 = d(N_r, N_{r+1}) + d(N_{r+1}, N_{r+2}) + \cdots + d(N_{k-1}, N_k) \quad (3\text{-}19)$$

其他前车变道情形的弯道碰撞距离计算方法与上述方法类似，不再详述。变曲率弯道车辆碰撞距离的计算方法流程图如图 3-30 所示。

## 三、基于 V2X 的协作式辅助变道技术

在车辆行驶的过程中，变道是经常发生的驾驶行为，传统的变道往往仅依赖驾驶人的驾驶经验，根据后视镜来估测后方邻道车辆的车速和距离，进而判断是否执行变道操作。在日常生活中，由于前车变道引起的后车追尾碰撞事故时有发生，如何利用科技手段减少此类事故、同时提高交通效率是亟待解决的关键问题之一。当前，车辆网联化已成为汽车发展的重要方向，基于车车通信，车辆之间可以分享车身数据，包括速度、加速度、制动状态、转向状态等，利用这些信息，可以有效地辅助车辆变道及进行相关碰撞预警。

这里提出一种基于车车通信的协作式变道方法，通过车辆之间的数据共享，来高效、安全、协作地完成变道行为。首先，拟变道车辆通过 DSRC/LTE-V 技术获取周边车辆的车身信息，并根据本车变道意图建立安全变道协作区域，筛选出关联变道车辆；进而，通过 OBU 车载设备仅向关联变道车辆发送变道意图；关联变道车辆在收到拟变道车辆发送的变道意图后，通过设计算法筛选出协作变道车辆；最后，协作变道车辆根据自身所在区域分别进行决策，多车开展协作，以辅助拟变道车辆安全、高效地完成变道行为。

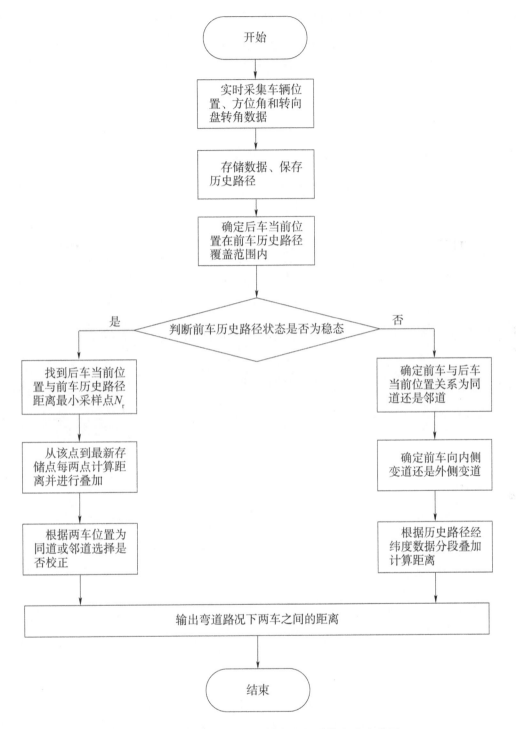

图 3-30 变曲率弯道车辆碰撞距离的计算方法流程图

V2X 车辆通过安装在车身上的定位装置实时采集数据,包括经度、纬度及行驶方位角;通过 CAN 总线实时采集速度、加速度数据;V2X 车辆均装有车载单元

(On board Unit,OBU),彼此之间基于 DSRC/LTE-V 技术进行通信,以实现上述车身数据共享,且 OBU 设备具有计算、分析、决策的能力。

首先,拟变道车辆接收来自周边车辆的信息,建立安全变道关联区域,安全变道关联区域的建立方法如下:以拟变道车辆的当前位置作为中心原点 O,设 O 的经纬度坐标分别为 $(O_x,O_y)$,以其行驶方向作为纵轴的正半轴方向,以垂直于行驶方向的直线作为横轴;设车道的宽度为 $w$(一般在 3.75~4m 之间),从中心原点沿横轴正、负方向各截取 $\frac{3}{2}w$ 的长度作为边界;设拟变道车辆的当前速度为 $v$,完成变道所需时间为 $T$(一般在 3s 左右),从中心原点沿纵轴正半轴方向截取 $v \times T$ 的长度作为边界。

(1)设拟变道车辆后方安全距离为 $Lm$,从中心原点沿纵轴负半轴方向截取 $Lm$ 长度作为边界。

按上述步骤建立的安全变道关联区域 ABCD 如图 3-31 所示。

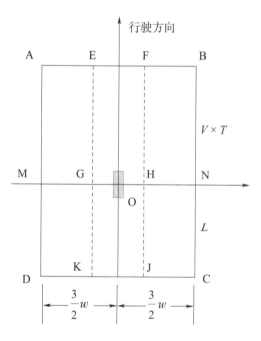

图 3-31 安全变道关联区域

拟变道车辆在变道前须拨动转向灯,若为右侧变道,则安全变道关联区域进一步缩减为区域 GHJK、FBNH 和 HNCJ,若为左侧变道,则安全变道关联区域进一步缩减为区域 GHJK、AEGM 和 MGKD,定义缩减后的区域为安全变道协作区域;

在后续的步骤和算法中,以拟变道车辆向右侧变道为例进行阐述(向左侧变道方法与之类似,不再赘述),从众多周边车辆中筛选出处于安全变道协作区域GHJK、FBNH和HNCJ内的车辆,称之为关联变道车辆;拟变道车辆通过OBU设备仅向关联变道车辆发送变道意图(转向状态)。

从周边车辆中筛选关联变道车辆(在安全变道协作区域内)的方法如下:确定安全变道协作区域GHJK、FBNH和HNCJ各个顶点的坐标,即G、H、K、J、F、B、N、C的坐标。

以顶点F的坐标$(F_x, F_y)$为例,它的计算步骤如下:基于OH与FH的长度,计算出OF间的距离;基于OH与FH的长度,计算出顶点O指向顶点F的连线与正北方向的夹角$\theta$;基于顶点O的经纬度坐标、OF的长度及夹角$\theta$,获得顶点F的经纬度坐标。其他顶点坐标的计算方式类似,此处不再赘述。

(2)设周边车辆的经纬度为$(Z_x, Z_y)$,判断其处于区域GHJK[各顶点经纬度坐标分别为$(G_x, G_y)$、$(H_x, H_y)$、$(K_x, K_y)$、$(J_x, J_y)$]内的方法如下:

计算出向量**GK**、**GZ**、**GJ**;分别计算向量**GK**与**GZ**、向量**GK**与**GJ**的叉积,而后再进行点积计算,得到值$a$;计算出**HJ**、**HZ**、**HK**的向量;分别计算向量**HJ**与**HZ**、向量**HJ**与**HK**的叉积,而后再进行点积计算,得到值$b$;计算出向量**GH**、**GZ**、**GJ**;分别计算向量**GH**与**GZ**、向量**GH**与**GJ**的叉积,而后再进行点积计算,得到值$c$;计算出向量**KJ**、**KZ**、**KH**;分别计算向量**KJ**与**KZ**、向量**KJ**与**KH**的叉积,而后再进行点积计算,得到值$d$;若$a \times b$大于零,且$c \times d$大于零,则判断周边车辆$(Z_x, Z_y)$处于区域GHJK内,否则,判断其处于区域GHKJ外。

判断周边车辆$(Z_x, Z_y)$处于区域FBNH和HNCJ内的方法类似,此处不再赘述。

处于安全变道协作区域GHJK内的车辆在收到拟变道车辆发来的变道意图后,其终端设备进行计算、决策,判断自身是否为距离拟变道车辆最近的车辆(称之为协作变道车辆A),具体方法为:设该车辆编号为$N_r$,拟变道车辆编号为$N_t$,$N_r$收到其周边车辆信息后,统计分类为同向同道前方车辆的数量$k$;若$k=0$,则判定其为协助变道车辆A;若$k \neq 0$,则设同向同道前方车辆编号为$n_1, n_2, \cdots, n_k$;分别计算$N_r$到$n_1, n_2, \cdots, n_k$之间的距离,记为$d_{r1}, d_{r2}, \cdots, d_{rk}$;计算$N_t$、$N_r$连

线到 $N_r$ 行驶方向上的投影距离,记为 $D_{rt}$;比较 $D_{rt}$ 与 $d_{r1},d_{r2},\cdots,d_{rk}$ 之间的大小,若在 $d_{r1},d_{r2},\cdots,d_{rk}$ 中存在 $d_{ri} < D_{rt}, 1 \leq i \leq k$,则判定其不是协作变道车辆 $A$;若在 $d_{r1},d_{r2},\cdots,d_{rk}$ 中不存在 $d_{ri} < D_{rt}, 1 \leq i \leq k$,则判定其为协作变道车辆 $A$。

同样的,处于安全变道协作区域 HNCJ 内的车辆,可以通过使用上述方法,筛选出协作变道车辆 $C$,此处不再赘述。

处于安全变道协作区域 FBNH 内的车辆,判定方法略有不同,它是需要假设分类为同向同道后方车辆的数量为 $k$,其余步骤同上,进而筛选出协作变道车辆 $B$。

筛选出的协作变道车辆的示意图如图 3-32 所示。

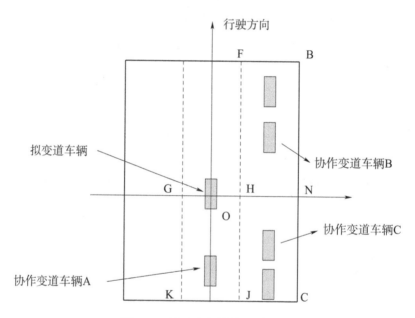

图 3-32　筛选出的协作变道车辆

在安全变道协作区域 GHJK、FBNH 和 HNCJ 内的车辆,若其终端设备判定自身不是协作变道车辆,则无须进行下一步处理,即不发送任何信息,也无须进行变道协助。

在安全变道协作区域 GHJK、FBNH 和 HNCJ 内的车辆,若其终端设备判定自身是协作变道车辆,则按照如下协作方案辅助拟变道车辆进行变道:对于协作变道车辆 $A$,通过 OBU 智能设备向拟变道车辆发送减速避碰信号,同时提醒本车驾驶人减速/换道行驶;对于协作变道车辆 $B$ 和 $C$,则需要估测其与拟变道车辆之间可能产生碰撞的时间,设为 $T_1$ 和 $T_2$,它们可以根据协作变道车辆的速度、加速度以及拟变道车辆的速度和加速度计算得出;设安全变道阈值时间为 $T_s$,若 $T_1 > T_s$,则协作变道车辆 B 通过 OBU 智能设备向拟变道车辆发送允许变道信号,同时提醒本车驾驶人加速通过;若 $T_1 < T_s$,则协作变道车辆 B 通过 OBU 智能设备向拟变道车辆发送等待变道信号,同时提醒本车驾驶人减速让行;若 $T_2 > T_s$,则协作变道车辆 C 通过 OBU 智能设备向拟变道车辆发送允许变道信号,同时提醒本车驾驶人减速让行;若 $T_2 < T_s$,则协作变道车辆 C 通过 OBU 智能设备向拟变道车辆发送等待变道信号,同时提醒本车驾驶人加速通过;当拟变道车辆收到协作变道车辆 A 发来的减速避碰信号(或未收到信号,表明此区域内无车)和协作变道车辆 B 和 C 发来的允许变道信号(或未收到信号,表明此区域内无车),则提示驾驶人执行变道操作;当拟变道车辆收到协作变道车辆 B 或 C 发来的等待变道信号,则提示驾驶人暂不执行变道操作,直至满足变道条件,进而完成协作式变道操作。

基于车车通信的协作式变道方法流程图如图 3-33 所示。

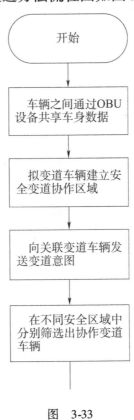

图 3-33

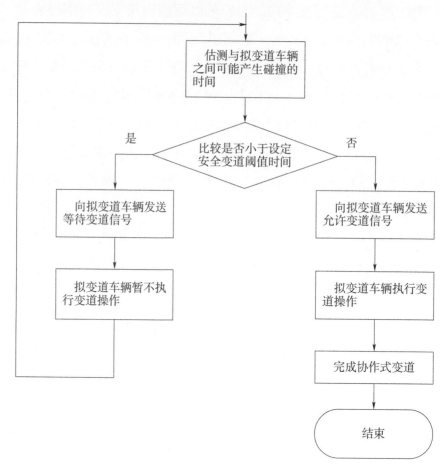

图 3-33 基于车车通信的协作式变道方法流程图

## 第四节 车载预报警设备性能试验验证

传统的车载预报警设备主要依赖摄像头对周边环境的识别,当天气恶劣或摄像头视野受阻时,车载预报警设备的性能将大幅下降。而该类场景下驾驶人的观察视野也同时受影响,易出现危险。本节将针对复杂光线场景及视野受阻场景进行车载预报警设备性能试验,对比本项目研发的车载预报警设备与传统车载预报警设备在不同条件下的性能区别。

### 一、逆光条件下的前车碰撞预警性能测试

前方碰撞预警系统(Forward Collision Warning,FCW)是传统车载预报警设备

的一个常见功能,他们通过安装在风窗玻璃的摄像头拍摄追踪前方车辆,当摄像头感知到本车与前方车辆快速接近即将发生碰撞时发出警报。但摄像头在逆光、顺光、暗光条件下性能都会降低,有可能影响报警的可靠性和准确率。

本试验分别在试验车辆上安装一套传统车载预报警设备和本项目研发的基于V2X车路协同方案的车载预报警设备,根据中国新车评价规程(China New Car Assessment Program,C-NCAP)主动安全ADAS系统试验方法中的FCW功能测试规程,同时考虑逆光、顺光、强光、黄昏弱光、夜间弱光等光照影响,设计了FCW的车对车试验,试验环境如图3-34所示,不同偏置率条件下的CCRs(前车静止)与CCRm(前车慢行)测试工况如图3-35所示。

a)顺光环境(明亮)

b)逆光环境(强光)

c)弱光环境

d)昏暗环境

图3-34 不同光照强度、角度下的FCW试验环境

由表3-5~表3-8的车对车试验数据可以知道,环境光照强度、角度对本项目开发的车载预报警设备基本未造成影响,但对传统车载预报警设备的感知能力有明显影响,其中逆光(强光)条件对设备的性能影响最大,黄昏弱光与昏暗环境

的影响相近。在逆光和暗光条件下,传统车载预报警设备的报警时刻已小于2s,无法保证留给驾驶人足够的反应时间,警报作用有限。而本项目研发的基于V2V通信的车载预报警设备能有效规避环境因素引起的性能变化,在恶劣天气、光线条件下仍能保持较好的性能,及时给予警报提示。

a)CCRs(前车静止)测试工况

b)CCRm(前车慢行)测试工况

图3-35 不同偏置率条件下的CCRs与CCRm测试工况

**顺光(明亮)环境下的FCW试验**　　　　　　　　表3-5

| 测试场景 | 测试类型 | 测试速度(km/h) | 偏置率 | 项目研发OBU设备报警时刻TTC(s) | 某传统车载预报警设备报警时刻TTC(s) |
|---|---|---|---|---|---|
| CCRs（前车静止） | FCW | 50 | 50% | 2.4 | 2.8 |
| | | 50 | 100% | 2.4 | 2.8 |
| | | 60 | -50% | 2.5 | 2.5 |
| | | 60 | 100% | 2.6 | 2.5 |
| | | 70 | +50% | 2.6 | 2.2 |
| | | 70 | 100% | 2.5 | 2.2 |
| | | 80 | -50% | 2.5 | 1.6 |
| | | 80 | 100% | 2.5 | 1.6 |

续上表

| 测试场景 | 测试类型 | 测试速度(km/h) | 偏置率 | 项目研发OBU设备报警时刻TTC(s) | 某传统车载预报警设备报警时刻TTC(s) |
|---|---|---|---|---|---|
| CCRm（前车慢行） | FCW | 60 | −50% | 2.4 | 2.6 |
| | | 60 | 100% | 2.4 | 2.6 |
| | | 70 | +50% | 2.5 | 2.2 |
| | | 70 | 100% | 2.4 | 2.2 |
| | | 80 | −50% | 2.5 | 1.8 |
| | | 80 | 100% | 2.5 | 1.8 |

逆光（强光）环境下的 FCW 试验　　　　表3-6

| 测试场景 | 测试类型 | 测试速度(km/h) | 偏置率 | 项目研发OBU设备报警时刻TTC(s) | 某传统车载预报警设备报警时刻TTC(s) |
|---|---|---|---|---|---|
| CCRs（前车静止） | FCW | 50 | 50% | 2.4 | 2.2 |
| | | 50 | 100% | 2.4 | 2.2 |
| CCRs（前车静止） | FCW | 60 | −50% | 2.5 | 1.9 |
| | | 60 | 100% | 2.6 | 1.9 |
| | | 70 | +50% | 2.6 | 1.8 |
| | | 70 | 100% | 2.5 | 1.8 |
| | | 80 | −50% | 2.5 | 1.6 |
| | | 80 | 100% | 2.5 | 1.6 |
| CCRm（前车慢行） | FCW | 60 | −50% | 2.4 | 2.3 |
| | | 60 | 100% | 2.4 | 2.3 |
| | | 70 | +50% | 2.5 | 2.2 |
| | | 70 | 100% | 2.4 | 2.2 |
| | | 80 | −50% | 2.5 | 1.9 |
| | | 80 | 100% | 2.5 | 1.9 |

黄昏(弱光)环境下的 FCW 试验  表 3-7

| 测试场景 | 测试类型 | 测试速度(km/h) | 偏置率 | 项目研发 OBU 设备报警时刻 TTC(s) | 某传统车载预报警设备报警时刻 TTC(s) |
|---|---|---|---|---|---|
| CCRs（前车静止） | FCW | 50 | 50% | 2.4 | 2.1 |
| | | 50 | 100% | 2.4 | 2.1 |
| | | 60 | -50% | 2.5 | 1.7 |
| | | 60 | 100% | 2.6 | 1.7 |
| | | 70 | +50% | 2.6 | 1.6 |
| | | 70 | 100% | 2.5 | 1.6 |
| | | 80 | -50% | 2.5 | 1.5 |
| | | 80 | 100% | 2.5 | 1.5 |
| CCRm（前车慢行） | FCW | 60 | -50% | 2.4 | 2.3 |
| | | 60 | 100% | 2.4 | 2.3 |
| | | 70 | +50% | 2.5 | 2.2 |
| | | 70 | 100% | 2.4 | 2.2 |
| | | 80 | -50% | 2.5 | 1.9 |
| | | 80 | 100% | 2.5 | 2.0 |

昏暗环境下(开车灯)的 FCW 试验  表 3-8

| 测试场景 | 测试类型 | 测试速度(km/h) | 偏置率 | 项目研发 OBU 设备报警时刻 TTC(s) | 某传统车载预报警设备报警时刻 TTC(s) |
|---|---|---|---|---|---|
| CCRs（前车静止） | FCW | 50 | 50% | 2.4 | 2.1 |
| | | 50 | 100% | 2.4 | 2.1 |
| | | 60 | -50% | 2.5 | 1.7 |
| | | 60 | 100% | 2.6 | 1.7 |
| | | 70 | +50% | 2.6 | 1.6 |
| | | 70 | 100% | 2.5 | 1.6 |
| | | 80 | -50% | 2.5 | 1.5 |
| | | 80 | 100% | 2.5 | 1.5 |

续上表

| 测试场景 | 测试类型 | 测试速度（km/h） | 偏置率 | 项目研发OBU设备报警时刻TTC(s) | 某传统车载预报警设备报警时刻TTC(s) |
|---|---|---|---|---|---|
| CCRm（前车慢行） | FCW | 60 | -50% | 2.4 | 2.2 |
| | | 60 | 100% | 2.4 | 2.2 |
| | | 70 | +50% | 2.5 | 2.2 |
| | | 70 | 100% | 2.4 | 2.2 |
| | | 80 | -50% | 2.5 | 2.1 |
| | | 80 | 100% | 2.5 | 2.1 |

## 二、高速公路弯道碰撞预警性能测试

高速公路上仍然存在大量连续弯道，尤其是一些建于山区的高速公路，其弯道较急且伴随着上下坡，一旦前方出现危险，未能及时发现并采取措施，将产生严重的后果。高速公路中央往往会设置高于车辆的分隔屏障（图3-36），可以在晚间避免对向车辆远光灯的影响，但由于道路内侧屏障的存在，车辆左转弯时，屏障会对驾驶人视线造成一定的遮挡，形成视野盲区，使驾驶无法观察弯道远方的车辆，缩短了驾驶人的前方可视观察距离。当弯道末端出现交通事故或交通拥堵，驾驶人发现时往往已经较晚，极易出现交通事故。

本试验在弯道半径200m的试验道路上进行，道路内侧有2.2m高的分隔屏障，弯道前方有一停止或慢行车辆（图3-37），测试设备在车辆经过高速公路弯道时的前方碰撞预警性能。

表3-9是弯道车对车试验数据，由表可知，在道路中央有隔离屏障的高速公路弯道，由于视野盲区的存在，依靠摄像头对前方目标物识别的单车智能车载预报警设备无法及时发现前方目标车辆；对于前车静止的测试工况，当车速超过80km/h，传统车载预报警设备已无法及时完成碰撞预警。

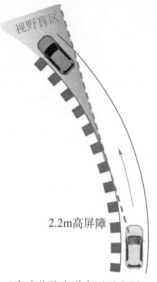

a) 高速公路弯道盲区示意图　　　b) 高速公路左侧转弯易存在盲区

图 3-36　高速公路弯道视野盲区

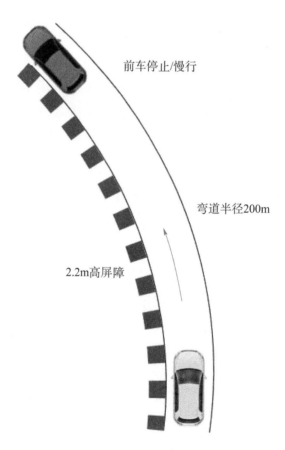

图 3-37　高速公路弯道碰撞预警测试场景

**弯道碰撞预警试验数据**　　　　　　　　　　表 3-9

| 测试场景 | 测试类型 | 测试速度（km/h） | 项目研发 OBU 设备报警时刻 TTC(s) | 某传统车载预警设备报警时刻 TTC(s) |
|---|---|---|---|---|
| CCRs（前车静止） | FCW | 50 | 2.4 | 1.6 |
| | | 60 | 2.5 | 1.5 |
| | | 70 | 2.6 | 1.2 |
| | | 80 | 2.5 | — |
| | | 90 | 2.4 | — |
| CCRm（前车 20km/h 慢行） | FCW | 60 | 2.5 | 1.8 |
| | | 70 | 2.5 | 1.6 |
| | | 80 | 2.5 | 1.5 |
| | | 90 | 2.6 | — |

　　本项目研发的车载预报警设备通过 V2V 通信，可实现超视距感知，避免视觉盲区造成的影响，即使在弯道有屏障遮挡的条件下，车载预报警设备仍然可以保证 2s 以上的提前报警余量，给予驾驶人充足的反应时间，有效提高车辆在高速公路弯道行驶时的安全性。

# 第四章 智能路侧设备关键技术

## 第一节 智能路侧设备关键技术研究现状

随着我国智能网联汽车技术的快速发展,智能路侧设备已成为车路协同自动驾驶技术商业化应用的关键技术之一。从 2019 年至今,国务院以及国家相关部委、单位已经发布了多项政策推动道路数字化升级和改造,其中 2021 年 3 月发布的《中华人民共和国国民经济和社会发展第十四个五年规划和 2035 年远景目标纲要》已明确指出加快交通、能源、市政等传统基础设施数字化改造,加强泛在感知、终端联网、智能调度体系建设。

智能路侧设备主要有摄像机、激光雷达、毫米波雷达、路侧通信单元(RSU,Road Side Unit)和边缘计算器(MEC,Multi-access Edge Computing)等。华为、万集科技、千方科技、德赛西威等企业在路侧感知系统领域有着较完善的布局,产品线覆盖感知、传输、计算三个层面(表 4-1)。智能路侧设备在实际铺设过程中可以直接装配在交通信号灯、智慧杆等交通基础设施上。

**各企业产品布局情况** 表 4-1

| 企业 | 感知 | | | | 通信 | 计算 |
|---|---|---|---|---|---|---|
| | 摄像机 | 毫米波雷达 | 激光雷达 | 雷视一体机 | RSU | MEC |
| 华为 | √ | √ | | | √ | √ |
| 海康威视 | √ | √ | | √ | √ | |
| 大唐高鸿 | | | | | √ | √ |

续上表

| 企业 | 感知 | | | | 通信 | 计算 |
|---|---|---|---|---|---|---|
| | 摄像机 | 毫米波雷达 | 激光雷达 | 雷视一体机 | RSU | MEC |
| 德赛西威 | √ | √ | | √ | √ | √ |
| 星云互联 | | | | | √ | |
| 万集科技 | | | √ | | √ | √ |
| 千方科技 | √ | √ | √ | √ | | |
| 百度 | | | | | | √ |
| 腾讯 | | | | | | √ |
| 阿里 | | | | | | √ |

在感知设备方面,由于传统单一感知设备具有一定的局限性,无法满足更精确、更丰富的道路环境信息全天候感知技术的需求,国内企业已经开始积极探索多传感器融合方案。例如,万集科技将3D激光雷达与摄像机的信息进行融合,以弥补激光雷达的缺陷,提升感知能力。德赛西威开发的雷视一体机,将毫米波雷达与摄像机的信息进行融合,应用于高速隧道场景下,能有效提升交通事件、交通流量、车型判别等方面的检测精度。

在传输设备方面,基于C-V2X技术的路侧通信单元RSU,可实现事件管控数据的全息感知以及人、车、路、云的协同互信。但是,随着自动驾驶技术的日益成熟,对RSU的要求也越来越高,明显的发展趋势有:第一,具备厘米级的定位能力;第二,支持可自编的场景通信模式;第三,提供辅助定位基站功能,在无运营商网络覆盖区域,提供车辆的高精度定位;第四,提供边缘时间同步功能,为区域内各类基础设备提供精准的时间。华为和大唐高鸿在智能路侧传输设备方面有较强的竞争优势,它们有自研的通信芯片及模组,具备提供全栈式解决方案的能力。千方科技、星云互联、东软睿驰专注于V2X的软件及平台功能开发,德赛西威则专注于RSU的软硬件设计与研发,致力于打通"道路网联化"与"车端网联化"的完整车联网闭环。

在计算设备方面,MEC不仅可以增强C-V2X端到端的通信能力,还可以为C-V2X应用场景算法提供辅助计算、数据存储等支持。随着智慧交通技术的不断发展,全局路况分析场景对服务平台的计算能力提出了更高的要求,要能快速处理视频、雷达信号等感知内容并进行精准分析和处理。因此,国内各企业开启了"算力"竞赛。该领域参与竞争者较多,互联网公司、通信设备厂商和运营商等都有相关产品。其中,华为开发了一套基于移动数据中心(Mobile Date Center, MDC)的生态系统,算力可从48TOPS上升至400TOPS,是一套全面覆盖不同智能驾驶应用场景的系列化产品。德赛西威以国内首款L3级自动驾驶域控制器为基础,快速研发智慧交通领域的相关产品。

## 第二节 路侧环境感知技术

### 一、摄像头视觉感知方案

**1. 双目视觉中的对极几何与三角测量**

对极几何描述了左右图像重叠部分的对应关系,如图4-1所示。$I_L$和$I_R$为左右二维平面图,$h_l$和$h_r$为左右平面的对应极线,$O_L$和$O_R$为左右相机镜头的焦点,$O_L$和$O_R$之间的连线称为基线,点$P$在左右图中的投影为$P_l$和$P_r$,$e_l$和$e_r$为左右图相机中心的连线在左右平面图像上的交点。

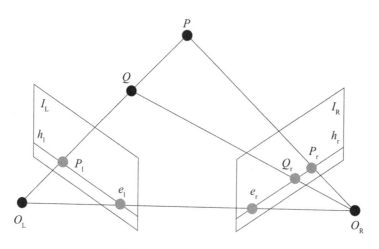

图4-1 对极几何基本原理

当应用于单目环境下,即仅存在左图时,从$O_L$视角可以得到$P$和$Q$在左平面的投影点为$P_l$,此时无法从平面$I_L$中获取$P$和$Q$的深度信息。当应用于双目环境下，即增加了右图 $I_R$，$P$ 和 $Q$ 在右平面的投影为两个不同位置的点，$P_r$ 和 $Q_r$，利用三角测量可获得 $P$、$Q$ 的深度信息。

对左右图像的极线进行校正后，满足极线的约束条件，利用相似三角形原理可得到相应像素点的深度信息，三角测量的原理如图 4-2 所示。

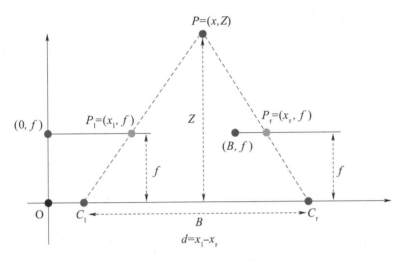

图 4-2  三角测量原理

点 $P$ 在左右平面图像的投影距离分别为 $P_1(X_1,f)$ 和 $P_r(X_r,f)$，$X_1$ 和 $X_r$ 的差值称为视差 $d$，$B$ 为左右相机镜头光心的距离即基线距离，$f$ 为相机的焦距，$Z$ 为点 $P$ 的深度信息。由相似三角形原理可推导出深度信息 $Z$，具体推导过程如下：

$$\frac{B}{Z} = \frac{B + x_r - x_l}{Z - f} \tag{4-1}$$

$$Z = \frac{B \cdot f}{|x_r - x_l|} = \frac{B \cdot f}{d} \tag{4-2}$$

由上述推导可知，深度 $Z$ 可根据基线距离 $B$、焦距 $f$ 和视差 $d$ 得到，而基线距离 $B$ 和焦距 $f$ 可由测量数据直接得到，则通过视差 $d$ 就能计算出深度 $Z$ 的值。

**2. 双目视觉重建技术步骤**

利用双目视觉技术进行三维重建，主要包括以下步骤：

（1）获取左右图像。通过两个不同位置的相机，对相同三维现实场景进行拍摄，得到一对二维平面图像。

(2)图像校正。在进行左右图匹配之前,需要进行相机标定和校正,相机标定主要根据内参和外参进行标定。校正主要是计算左右相机之间的转换关系,使得左右图满足极线约束。

(3)图像匹配。经过校正后的左右图像,左图中的像素点能够在右图找到对应点,即左右图像能够查找各自的对应点(匹配点),输出视差图。

(4)三维重建。根据视差图,结合左右两个相机的基线距离 $B$ 和焦距 $f$,通过三角测量原理得到现实场景的深度信息,从而推理出三维信息,完成三维重建。

以上步骤如图4-3所示。

图 4-3 双目视觉三维重建步骤

## 二、毫米波雷达感知方案

20 世纪 50~60 年代,随着科学技术的发展,性能稳定的振荡器为脉冲多普勒雷达的研制提供了可靠保证,从而使得对目标速度的探测成为可能。在同时期发展的相控阵天线技术,可通过控制阵元时延产生不同天线波束响应,提高了雷达的扫描速度。20 世纪 70 年代出现的合成孔径雷达(Synthetic Aperture Radar,SAR)技术广泛应用于高分辨率地面成像,是迄今为止雷达领域最为重要的研究方向之一。

对一个简单的雷达系统来说,目标相对雷达的距离信息包含在发射信号和回波信号之间的时延之中,通过分析,可将相对雷达不同距离的目标进行区分。当目标具有一定运动速度时,目标会对雷达发射的电磁波产生多普勒调制,目标的速度信息包含在对应的多普勒频率之中。通过在频域上对回波信号的多普勒频移进行分析,可实现运动目标、静止目标的区分。此外,当雷达采用一定宽度的波束进行扫描时,可以获得目标相对雷达的方位、角度信息。结合多个维度上的目标信息(如距离、方位、速度、回波强度等),雷达系统可实现对目标的有效识别。一个简单的雷达系统原理框图如图 4-4 所示,图中的雷达系统采用独立的收、发天线。

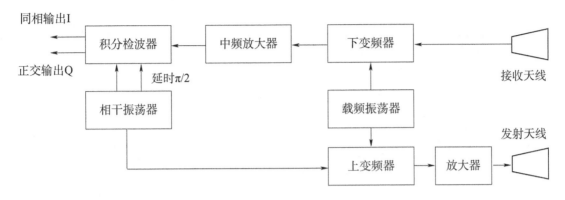

图 4-4 雷达系统框图

相干振荡器产生的信号通过上变频器加载到载频之上,再通过放大器进行放大并由发射天线发射。经过目标反射之后的信号,由接收天线接收,通过下变频器(一般包括混频和低通滤波),得到一个中频信号。将得到的中频信号先通过一个中频放大器进行放大,再输入积分检波器。根据目标相对雷达的径向运动的正负,输出信号在频谱上会产生对应的正或者负的多普勒频率。而当积分检波器只存在同相输出 I 时,对回波信号的分析只能得到目标相对雷达径向运动的绝对值,并不能区分多普勒频移的正负。

**1. 雷达工作原理**

毫米波雷达是指在毫米波波段进行探测的雷达,按照发射信号的不同,可分为脉冲式雷达和连续波式雷达两大类。相比于脉冲式毫米波雷达,连续波式毫米波雷达具有成本低、信号处理简单和分辨率高等优点,在多个领域中得到了广泛应用。连续波雷达可细分为单频连续波(Continuous Wave,CW)、调频连续波(Frequency Modulated Continuous Wave,FMCW)等类型,CW 雷达仅可以测量目标速度,无法测量距离,FMCW 雷达可同时测量目标速度和距离,且在近距离测量上更具优势,在汽车上应用较多。

根据雷达测距原理,以静态目标为例,雷达发射信号与回波信号的延时 $\tau$ 可表示为下式:

$$\tau = \frac{2d}{c} \tag{4-3}$$

式中,$d$ 是雷达与被检测物体的距离;$c$ 是波速。

发射信号与回波信号的频差与时延之间的关系为:

$$\tau = \frac{fB}{\mu} \tag{4-4}$$

从而可得到距离表达式：

$$d = \frac{cfB}{2\mu} \tag{4-5}$$

目标距离与雷达信号的调频斜率和 IF 信号的斜率有关。

当雷达辐射范围内存在多个距离不同的目标时，多目标的接收信号与 IF 信号如图 4-5 所示。多个目标与雷达的距离不同时，所收到的回波延时不同，多个接收线性调频脉冲转化为具有单一频率的信号（单音信号），由于 IF 信号包含多个单音信号，在信号处理时需要对 IF 信号进行快速傅里叶变换（Fast Fourier Transform，FFT），产生具有不同峰值的频谱，每个峰值表示在特定距离处存在物体，再根据式(4-3)求得不同目标的距离。

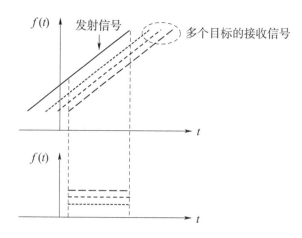

图 4-5 多个目标的回波及 IF 信号

雷达距离分辨率是指雷达在距离维度上分辨两个或多个物体的能力，在采样周期 $T$ 内，不同的信号分量需要至少错开一个周期，才能将其频率区分开来。因此频率只要满足式(4-6)，就可以分辨两个 IF 单音。

$$\Delta f > \frac{1}{T_c} \tag{4-6}$$

式中，$T_c$ 为观测时间长度。

根据距离公式 $\Delta f = \dfrac{2\mu \Delta d}{c}$，式(4-6)可表达为：

$$\Delta d > \frac{c}{2\mu T_c} \tag{4-7}$$

由于 $\mu = \frac{B}{T_c}$，因此距离分辨率仅取决于线性调频脉冲扫频的带宽，如式(4-8)所示。

$$\Delta d = \frac{c}{2B} \tag{4-8}$$

例如，77GHz 毫米波雷达的调频带宽为 750MHz，对应的最大距离分辨率为 0.2m。

雷达测距原理：在测量一个运动目标时，线性调频连续波（Linear Frequency Modulated Continuous Wave，LFMCW）雷达至少需要发射两个间隔为 $T_c$ 的线性调频脉冲，每个接收到的线性调频脉冲通过距离傅里叶变换来检测物体的距离，由于距离只发生了微小变化，傅里叶变换处理之后频率无法区分开来，因此每个线性调频脉冲的距离傅里叶变换将在同一位置出现峰值，但相位差异明显，该相位差对应速度为 $v\,T_c$ 的物体的移动。

IF 信号的初始相位为起始时刻发射线性调频脉冲与接收脉冲的相位差，其表达式为：

$$\phi_b = 2\pi f_b \tau = 2\pi \cdot \frac{c}{\lambda} \cdot \frac{2d}{c} = \frac{4\pi v\,T_c}{\lambda} \tag{4-9}$$

式中，$f_b$ 为线性调频信号的起始频率，$\lambda$ 为波长。

从而得到速度表达式：

$$v = \frac{\lambda \phi_b}{4\pi\,T_c} \tag{4-10}$$

如果速度不同的多个目标在测量时与雷达的距离相同，会生成 IF 频率完全相同的接收线性调频脉冲，简单的相位比较技术将不起作用。以两个与雷达的距离相同但速度分别为 $v_1$ 和 $v_2$ 的目标为例，雷达需要发射如图 4-6 所示的一组 $n$ 个间隔为 $T_c$ 的线性调频脉冲帧，对接收的一组线性调频脉冲做距离 FFT 处理，接收到的脉冲帧将在同一位置出现峰值，但每个峰值所对应的相位不同，每个相位包含了两个目标的相位分量，如图 4-7 所示。在 $n$ 个相位分量上进行多普勒 FFT 处理，就可以完成该等距但不同速度的两个目标的区分，如图 4-8 所示。

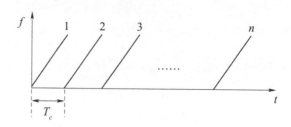

图 4-6 线性调频脉冲帧

图 4-7 反射线性调频脉冲帧的距离 FFT 产生 $n$ 个相量

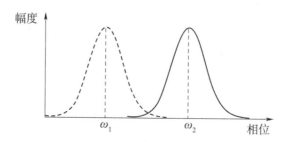

图 4-8 多普勒 FFT 后的两个目标相位图

因此,两个物体的速度表达式如下:

$$v_1 = \frac{\lambda}{4\pi}\frac{\omega_1}{T_c}, v_2 = \frac{\lambda}{4\pi}\frac{\omega_2}{T_c} \qquad (4-11)$$

式中,$\omega_1$ 和 $\omega_2$ 分别对应于两物体线性连续调频脉冲之间的相位差,$T_c$ 为雷达线性调频脉冲帧的组内间隔。

两次 FFT 可实现测速,如图 4-9 所示,毫米波雷达以帧为单位,均匀等时间间隔地发出一串 chirp 信号,对于每个 chirp 接收样本对应的数字化采样点执行距离 FFT,将输出结果以连续行的形式存储到矩阵中,处理器接收并处理一帧中所有的单个 chirp 后,对所有 chirp 串序列进行多普勒 FFT,得到的峰值点对应着检测目标及其速度信息。

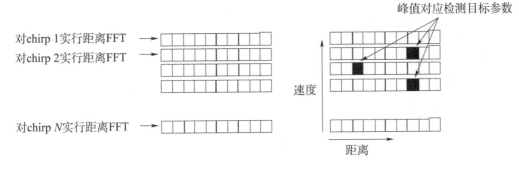

图 4-9　目标回波两次 FFT 处理

### 2. 毫米波雷达目标识别数据预处理

1）毫米波雷达无效目标信号类型

毫米波雷达可同时输出 100 个被检测目标的坐标、运动速度等状态信息，在实际工况下，雷达检测到的目标中只有少数为车辆，除了车辆、行人等有效目标之外，剩余的检测结果中通常会包含以下类型的无效目标信号。

静止目标信号：雷达检测结果中包含很多不影响行车安全的静止目标，比如道路护栏、路灯、行道树和停在路边的车辆等，此类目标不会对行车安全造成影响，在处理雷达检测结果时，需要去除这些静止目标。

误检目标信号：受工作环境等因素影响，毫米波雷达自身工作状态并不稳定，其接收到的回波信号能量不均匀，可能误解析出本不存在的目标，此类目标信号通常只会存在于一帧或几帧的检测数据中，综合连续的雷达多帧检测结果即可有效去除。

漏检目标信号：工作环境中的噪声等因素会影响雷达波，出现短暂的目标丢失情况，导致在部分雷达检测结果中，没有对应的目标信号，此类情况和误检目标信号类似，往往只在几帧检测结果中出现，综合分析前后多帧的检测结果，可判断出是否存在漏检目标。

2）雷达数据预处理

对雷达数据进行预处理可以有效剔除其中的部分无效目标信号，初步筛选出有效目标。由毫米波雷达在实际道路场景下的检测数据得出，每帧的检测结果中，大部分的目标都是静止目标，且其运动状态比较接近，汽车、行人等动态目标数量较少。静止目标的相对速度近似等于雷达运动速度，对于路旁雷达的相对速度则为零，基于相对运动速度对被检测目标进行聚类，即可筛选出静止目标,这里采用的方法为分层聚类算法,算法流程如下。

将每个被检测目标均作为一个单独的子簇$c_i$;分别计算出所有子簇两两之间的速度差值,例如$c_i$、$c_j$的速度差为$\Delta v = |v_i - v_j|$,从中选出速度差值最小的两个子簇$c_1$、$c_2$,取其速度差值为$\Delta v_{min}$;判断最小速度差值$\Delta v_{min}$是否满足:

$$\Delta v_{min} < 3\Lambda \tag{4-12}$$

式中,$\Lambda$为毫米波雷达自身的速度测量误差。

若满足公式(4-12),则将子簇$c_1$、$c_2$合并,同时子簇$c_1$的元素数量加1,取$v_{12} = (v_1 + v_2) \times 2$,重复执行上步骤;若不满足,算法流程结束。

分层聚类算法运行完毕后可获得$n$个子簇,据上文分析可知,静止目标所在的子簇包含元素最多,将其去除后,剩余的$n-1$个子簇均为动态目标。分层聚类算法在无法获取雷达运动速度的情况下,仍可完成对静止目标和运动目标的区分,具有较强的鲁棒性。

**3. 毫米波雷达目标识别算法**

1)毫米波雷达目标聚类算法

毫米波雷达目标识别数据关联算法主要有两部分内容,同一帧数据之间的关联和前后帧数据之间的关联。对于同一帧毫米波雷达数据之间的关联,就是判断哪些目标点可能来源于同一个物体,即目标点聚类。对于前后帧数据之间的关联,就是判断后一帧的数据中哪些目标数据点是上一帧目标数据点的延续,从而进行关联,利用多帧数据分析出目标点的运动状态,生成目标运动轨迹,预测目标运动。因此一个好的数据关联算法尤为重要,当前工程上常用的聚类算法主要有 K-Means 算法和 DBSCAN(Density-Based Spatial Clustering of Applications with Noise)算法等,而前后帧数据关联算法主要包括近邻域算法和概率类数据关联算法。

K-Means 算法原理简单,实现较为容易,但不适用于雷达点云的聚类,因为其需要先设定 $K$ 值,即给定每帧需要聚类多少个目标,这显然是不符合实际道路情况的。DBSCAN 算法则不需要预先设定聚类目标数量,只需要输入一个参数即可。DBSCAN 算法定义了许多新的专有名词,如 $\varepsilon$-领域、直接密度可达、密度可达、密度相连和簇。

$\varepsilon$-领域:与 $p$ 点的距离小于等于 $\varepsilon$ 的点的集合,$N_\varepsilon(p) = \{q \in D \mid dist(p,q) \leq$

$\varepsilon\}$。根据此定义可以将毫米波雷达数据点分为边界点和核心点,当某个点的$\varepsilon$-领域数量点大于设定的阈值(Minimum Number of Points,MinPts)时,则认为此点是核心点,否则为边界点,如图 4-10 所示。

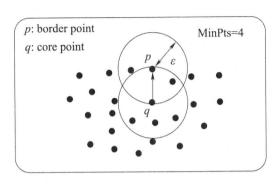

图 4-10　核心点和边界点定义

直接密度可达:若点 $p$ 在点 $q$ 的 $\varepsilon$-领域内,且点 $q$ 为核心点,则称点 $p$ 到点 $q$ 为直接密度可达,但点 $q$ 到点 $p$ 并不能称为直接密度可达,因为点 $p$ 不是核心点。

密度可达:如图 4-11a)所示,给定一系列样本点 $p_1,p_2,\cdots,p_n,p=p_1,q=p_n$,若 $p_i$ 到 $p_{i-1}$ 直接密度可达,则称点 $q$ 到点 $p$ 为密度可达。

密度相连:如图 4-11b)所示,若某点 $o$ 到点 $p$ 和点 $q$ 均密度可达,那么点 $p$ 到点 $q$ 为密度相连。

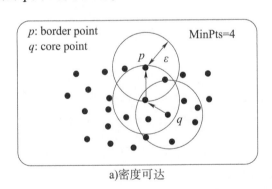
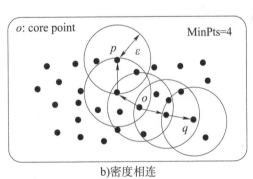

a)密度可达　　　　　　　　　　b)密度相连

图 4-11　密度可达、密度相连示意图

簇是指簇内的每个点都能密度可达或者密度相连。噪声是指这个点不属于任何一个簇。

算法的核心思想是从某个选定的核心点出发,不断向密度可达的区域扩张,从而得到一个包含核心点和边界点的最大区域,区域中任意两点密度相连。算法中有两个关键参数,$\varepsilon$ 是设定一个点的领域范围,MinPts 是指一个点成为核心点的最低要求,即这个点能进行扩张。

本文介绍一种针对毫米波雷达检测特性的改进的基于 DBSCAN 的算法,设定 $\varepsilon$ 值与目标点的距离成正相关。毫米波雷达距离越远时,其检测的分辨率越大,区分某两个距离近的点是否来自同一目标的难度也越大,所以设定了不同的 $\varepsilon$ 值,目标距离越远,$\varepsilon$ 值越大。

近邻域算法是前后帧数据关联中最基础的方法之一,其本质是从后帧数据中找到与前帧数据点距离最近的点进行关联。由于近邻域法原理简单,时效性高,且实现容易,是目前工程应用上使用得最广泛的数据关联方法之一。但其也存在一定的局限性,在多目标场景下,其关联结果不一定是全局最优的,如图 4-12 所示,A 点和 B 点为上一帧数据的两个目标点,a、b、c 为下一帧数据点,如果根据近邻域算法将会是 A-b、B-c 的关联结果,全局距离代价为 9 + 12 = 21,然而 A-a、B-b 的关联结果,距离代价为 10 + 10 = 20。此时近邻域算法会陷入局部最优陷阱。

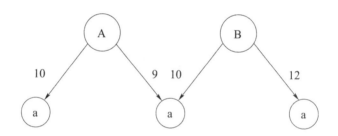

图 4-12 近邻域法局部最优示例

概率类的数据关联法以概率数据关联法(Probabilist Data Association,PDA)为基础,PDA 算法只适用于单目标或稀疏目标场景的跟踪。针对多目标的联合概率数据关联(Joint Probabilistic Data Association,JPDA)可以全面考虑目标重叠时的情况,但其在多目标相互交叠时,会导致算法运算量过大而难以应用于实际,为了解决这一问题,学者提出了次优 JPDA 算法和 Cheap-JPDA 算法等。

理论上,优化后的 JPDA 算法的数据关联效果是要好于近邻域算法的,但是由于一个目标可能利用多个测量属性来进行数据关联,并且真实检测场景下并不知道实际目标数量,所以使用 JPDA 算法进行数据关联时,目标的初始轨迹和轨迹消失相对近邻域算法会复杂许多,导致跟踪时效不足。综合来看,近邻域算法具有更高的可用性,因为经过毫米波雷达的数据筛选后,真实的目标数量并不多,属于稀疏目标场景。为了避免上文提到的近邻域算法可能会出现的局部最优情况,在对数据进行关联前,先对可能来自同一目标不同位置的目标点进行毫米波雷达数据聚类,以减少距离相差较小点的数据量,从而降低近邻域算法局部最优情况出现的概率。

2) 卡尔曼滤波算法

传感器的测量值也会存在偏差,需要使用滤波算法来降低数据测量过程中产生的误差,而卡尔曼滤波算法是经典有效的滤波算法,在工程中有广泛的应用,有学者通过数学理论分析验证了卡尔曼滤波算法是一种最小均方误差下的最优线性自适应滤波算法。该算法主要包括两部分内容,即预测和更新,具体步骤如下。

第一步,根据 $k$ 时刻 $x$ 的最优估计值 $\hat{x}_k$ 计算 $k+1$ 时刻的预测值 $x'_{k+1}$,$F$ 为预测矩阵,$Bu_k$ 是指目标内部影响量,这里是无法估计的,故将其值设置为0。

$$x'_{k+1} = F\hat{x} + Bu_k \tag{4-13}$$

第二步,根据 $k$ 时刻误差 $P$ 的最优估计值 $P_k$ 计算 $k+1$ 时刻的误差预测值 $P'_{k+1}$,$Q$ 为过程噪声的协方差。

$$P'_{k+1} = FP_k F^T + Q \tag{4-14}$$

$$Q = G \cdot G^T \cdot \sigma_v^2 \tag{4-15}$$

上两步是卡尔曼滤波算法中的预测过程,用于对下一时刻测量值和误差协方差矩阵的预测。

第三步,利用第二步预测误差 $P'_{k+1}$ 和测量误差值 $R$,且综合考虑测量矩阵 $H$ 来计算 $k+1$ 时刻的卡尔曼增益 $K_{k+1}$。

$$K_{k+1} = P'_{k+1} H^T (HP'_{k+1} H^T + R)^{-1} \tag{4-16}$$

第四步,根据 $K_{k+1}$ 的预测值 $x'_{k+1}$,测量值 $z_{k+1}$ 和卡尔曼增益 $R$ 来计算 $k+1$ 时刻的最优估计值 $\hat{x}_{k+1}$。

$$\hat{x}_{k+1} = x'_{k+1} + K_{k+1}(z_{k+1} - H x'_{k+1}) \tag{4-17}$$

第五步,根据卡尔曼增益与最优估计误差计算预测误差值。

$$P_{k+1} = (I - K_{k+1} H) P'_{k+1} \tag{4-18}$$

至此，$k$ 时刻卡尔曼滤波算法的预测与更新过程全部计算完毕，其中测量状态 $X$：

$$X = [x, y, v_x, v_y]^T \tag{4-19}$$

预测矩阵 $F$ 由设定的目标运动模型决定，本文采用常速运动模型，故预测矩阵为：

$$F = \begin{bmatrix} 1 & 0 & dt & 0 \\ 0 & 1 & 0 & dt \\ 0 & 0 & 1 & 0 \\ 0 & 0 & 0 & 1 \end{bmatrix} \tag{4-20}$$

毫米波雷达可直接获得目标纵向距离 $x$、纵向速度 $v_x$、横向距离 $y$、横向速度 $v_y$，故测量矩阵 $H$ 为：

$$H = \begin{bmatrix} 1 & 0 & 0 & 0 \\ 0 & 1 & 0 & 0 \\ 0 & 0 & 1 & 0 \\ 0 & 0 & 0 & 1 \end{bmatrix} \tag{4-21}$$

初始误差 $P$ 协方差矩阵根据经验推荐值设定为：

$$P = \begin{bmatrix} 1000 & 0 & 0 & 0 \\ 0 & 1000 & 0 & 0 \\ 0 & 0 & 100 & 0 \\ 0 & 0 & 0 & 100 \end{bmatrix} \tag{4-22}$$

过程噪声 $Q$ 误差协方差的计算，推荐值 $G$，$\sigma_v^2$ 取 $0.5 \text{m/s}^2$。

$$G = [0.5dt^2, 0.5dt^2, dt, dt]^T \tag{4-23}$$

测量噪声 $R$ 和毫米波雷达检测精度有关，取推荐值：

$$R = \begin{bmatrix} 0.02 & 0 & 0 & 0 \\ 0 & 0.02 & 0 & 0 \\ 0 & 0 & 0.02 & 0 \\ 0 & 0 & 0 & 0.02 \end{bmatrix} \tag{4-24}$$

3）毫米波雷达目标跟踪算法

本项目设计的目标跟踪算法步骤如图 4-13 所示。

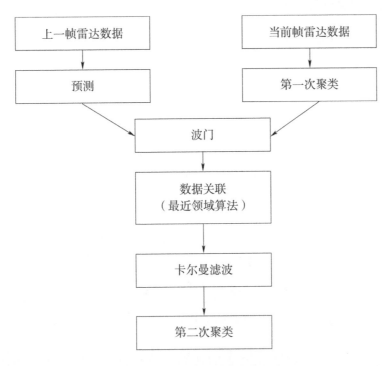

图 4-13 目标跟踪算法流程

首先将上一帧保留的毫米波雷达目标数据通过常速运动模型预测目标下一帧的运动信息,并根据预测目标运动信息划定目标下一帧可能出现的范围,即设定波门。同时,将下一帧雷达数据进行第一次聚类,以减少来自同一个目标位置的数据被分成两个目标的情况。矩形波门尺寸的规则见表4-2,其中0.5m 的含义是预测横向距离和测量横向距离差值应小于0.5m,0.2m/s 表示下一帧关联点与上一帧点的横向速度差应小于0.2m/s。

矩形波门尺寸的设定规则　　　　　　　　　　表 4-2

| 纵向距离 | 波门横向尺寸 | 波门纵向尺寸 |
| --- | --- | --- |
| <30m | 0.5m,0.2m/s | 0.8m,0.4m/s |
| 30～50m | 1m,0.2m/s | 1.2m,0.4m/s |
| >50m | 1.2m,0.2m/s | 1.5m,0.4m/s |

第一次聚类条件见公式(4-25),其中 $d$ 为目标纵向距离、$\Delta v$ 为两目标点的速度差、$angle$ 为两目标点之间的角度差,此聚类的目的是聚集同一位置的多个数

据,所以条件是范围精确,聚类后对此类的所有数据取均值来表示此类点的数据信息。

$$\begin{cases} distance < \min(1, 0.1 \times d)\,\text{m} \\ \Delta v < 1\,\text{m/s} \\ angle < 5° \end{cases} \quad (4\text{-}25)$$

之后便判断下一帧雷达数据中每个数据对应上一帧目标的哪个波门,在哪个波门内即可能是哪一个目标的延续。用最近邻域算法关联波门内的数据点,设定距离得分函数 score,如公式(4-26)所示,其中 $x_m$ 为横向距离测量值,$x_p$ 为横向距离预测值,$y_m$ 为纵向距离测量值,$y_p$ 为纵向距离测量值,由于毫米波雷达纵向测量精度高,所以以纵向距离差值为主。

$$score = 7(2 - |x_p - x_m|) + 3(2 - |y_p - y_m|) \quad (4\text{-}26)$$

将关联成功的毫米波雷达测量数据和对应的上一帧最优估计值数据输入卡尔曼滤波器中,对测量值进行降噪、修正,并计算当前帧的最优估计值。

最后,再进行一次目标聚类算法,在车辆行驶前方道路中,毫米波雷达检测目标时能被检测到多个目标点的往往为车辆等大型物体,故根据实际车辆尺寸设定如公式(4-27)的聚类条件。

$$\begin{cases} \Delta x < 3.0\,\text{m} \\ \Delta y < 1.1\,\text{m} \\ \Delta v_x < 0.2\,\text{m/s} \\ \Delta v_y < 0.2\,\text{m/s} \end{cases} \quad (4\text{-}27)$$

式中,$\Delta x$、$\Delta y$、$\Delta v_x$、$\Delta v_y$ 分别为两目标点横向距离差、纵向距离差、横向速度差和纵向速度差。此聚类的目标是将同一目标不同位置的数据进行聚类,因为目标和毫米波雷达相对位置的改变,同一个目标的测量点往往也会发生改变,所以通过此次同目标聚类可以减少目标编号,减少轨迹变化,且可以修正数据,保证目标测量数据的准确性和轨迹的稳定性。在此次目标聚类后,会判断该类中最小目标 ID 点的消失次数标签,若次数不大于 3,则使用此最小目标 ID 点的数据表示该类,否则需要取所有消失次数小于 3 的点的均值表示该类,并继承最小目标 ID。

算法中,如何合理处理目标前后帧数据距离得分是十分重要的,假设某一帧数据有 $M$ 个目标数据,而其后一帧检测的数据有 $N$ 个,通过得分公式(4-26)计算得到如图4-14所示的得分矩阵。

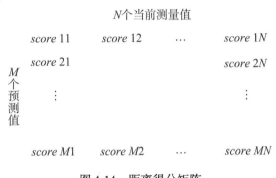

图4-14　距离得分矩阵

得分矩阵处理如下:①判断每一列的所有值是否全为0,全为0则认为是新出现的目标点。②选择第 $N$ 列的 score 最大值,将 $N$ 和当前 score 所在的行关联,并将同列其他值赋值为0,避免一点关联到多点数据。在②步骤循环完毕后,判断每一行所有值是否全为0,全为0则认为此点没关联成功。

设定目标跟踪算法中某个目标轨迹生成和目标轨迹消失的条件也极为重要,这决定了目标跟踪算法的数据输出,本项目认定某个目标轨迹生成和消失的策略如图4-15所示。

当某目标点延续次数大于或等于3次,便生成目标轨迹,而当某目标点消失次数大于2次时,便需要对此目标点是否越界进行判断,即不在雷达测量范围内,可认定目标轨迹消失,若在测量范围内,则需要考量其第二次目标聚类是否能关联到其他数据点,因为目标点与雷达位置的变化,同一个目标的位置测量点可能有较大出入,导致目标数据不能成功关联,如果能聚类到其他目标点,则需要对此目标轨迹进行数据更新,若没有其他数据点则认为此目标轨迹消失。

## 三、激光雷达感知方案

激光雷达(Light Detection and Ranging,LiDAR)是一种主动式、通过捕获目标的散射光,来获取相关目标信息的光学遥感技术。LiDAR本质上依靠雷达原理,以激光为载体,有很多应用场景。

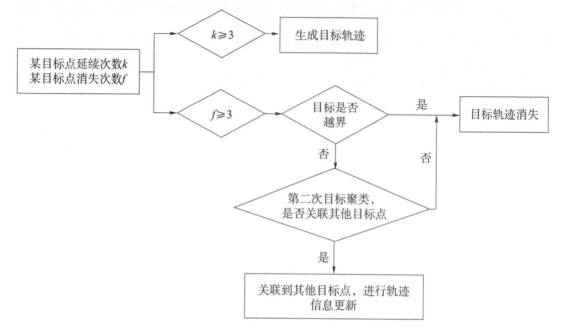

图 4-15 目标轨迹生成与消失策略

相比传统雷达，LiDAR 的主要特点是以激光为主要载体，而传统雷达则是以波长较长的电磁波（包括米波、厘米波、毫米波等）为载体，ToF 摄像头主要以红外光为载体。因此，传统雷达波长 > 红外 ToF 摄像头 > LiDAR（LiDAR 波长从 250nm 到 11μm）。单纯就激光而言，因为可见光波长短，所以激光雷达的测量精度高、单色性好、方向性强、相干性好、体积小，而且时间和空间分辨率都会相对更高。

激光雷达是集激光、全球定位系统和惯性测量装置（Inertial Measuring Device，IMU）三种技术于一身的系统，相比普通雷达，激光雷达具有分辨率高，隐蔽性好、抗干扰能力更强等优势。随着科技的不断发展，激光雷达的应用越来越广泛，在机器人、无人驾驶、无人车等领域都能看到它的身影。有需求必然会有市场，随着需求的不断增多，激光雷达的种类也变得琳琅满目，按照使用功能、探测方式、载荷平台等可分为不同的类型，如图 4-16 所示。

虽然激光雷达有众多优点，它仍存在三种场景相关的严重问题。

（1）大气干扰问题。正如前文所说，激光的波长短、光束相干性大，在这样的波长下，微小物体的反射特性会非常好。传统雷达信号处理时，对小目标特性有个衡量标准：最小雷达横截面（Radar Cross Section，RCS），描述的是雷达系统能够识别的最小目标。激光雷达的波长大约是传统雷达的一万分之一,在目标材料特性不变的情况下,RCS 会和这个数值成正比。

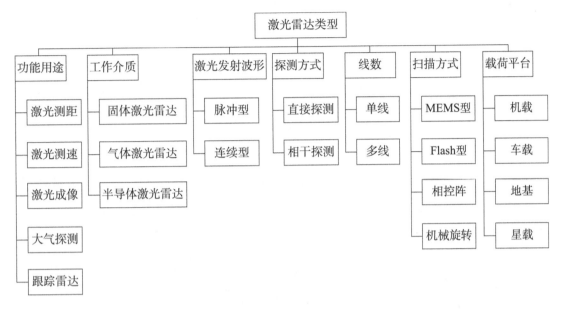

图 4-16　激光雷达类型

（2）目标量化问题（Object quantization）。激光雷达通常以扫描形式成像,对于单次扫描来说,数据处理依然需要进行坐标变换,这其实是一种三维空间到二维空间的映射。但是问题是,激光雷达的成像分辨率远远不如摄像头,若要准确识别,还需要每一个数据点与每一个物体的对应关系,即如何对点云数据进行识别和分割。

（3）数据关联问题（Data association）。与传统雷达相比,激光雷达扫描速度通常会比较慢,因此在扫描过程中,移动目标可能会在第二个时隙出现在点云的另一侧,那么如何在这两个数据表示同一个物体的情况下,让算法自动识别呢?这就是一个典型的数据关联问题。在多摄像头图像识别中,它被扩展到另一个领域:目标重识别（Re-identification）,用来在多个摄像头场景中构建关联物体之间的联系。

虽然 LiDAR 在场景应用中存在一些问题,但激光雷达仍然是目前分辨率最高的民用主动探测技术,在视频摄像头无法发挥作用的雨雪、夜间都可以发挥相当大的作用,所以这并不妨碍以无人驾驶和物联网为代表的新兴产业对激光雷达的追逐。

## 第三节 信息通信技术

### 一、基于蜂窝网络的通信方式

LTE-V 是以 LTE 蜂窝网络为基础的 V2X 通信技术,复用现有的蜂窝式基础设施与频谱资源,不需要重新部署基站等通信基础设施。

在车路协同(Vehicle to Infrastructure,V2I)的应用场景中,路侧通信单元(Road Side Unit,RSU)与车载单元(On board Unit,OBU)之间直接建立链路并进行数据的传输。OBU 接收 RSU 发送的道路状况、交通流量以及交通事故等相关道路信息,同时,OBU 也将车辆的车身状态、行驶速度和车辆位置等车辆即时信息上传到交通控制中心。交通控制中心通过车与路之间的交互信息分析各个路段的拥堵状况,从而有效地指挥各条道路上的交通。此外,车辆利用 RSU 发送的信息,迅速了解车辆周围的道路状况以及交通参与者的相关信息,从而增强交通的安全性,提高通行效率。V2I 的通信模式可以有效地避免车辆成为通信网络的一个孤立节点,减小了在车辆通信中车辆对其他车辆的依赖性。

2015 年 2 月,第三代合作伙伴计划(3rd Generation Partnership Project,3GPP)正式开始 LTE-V2X 技术的标准化工作,并设立了业务需求、系统架构、安全研究和空口技术 4 个工作组开展工作。系统架构方面明确要求架构需要支持 LTE-V Uu 和 LTE-V PC5 两种工作模式,其中 Uu 空口主要承载传统车联网大容量的网联通信业务,PC5 空口通过直连通信技术承载低时延高可靠性业务。使用 Uu 空口进行通信时,车路协同的交互信息都需要经过基站进行转发。在传统网络架构中,网络中的资源都是由基站统一管理,但是,该架构下 V2X 通信的数据传输需要占用上下行链路资源,容易出现信道拥塞,而导致数据传输时延长,传输速率相对较低。基于 PC5 空口的 V2X 通信网络中,设备之间建立直连通信模式,该通信模式不仅能降低传输时延和提高传输速率,而且通过由 RSU 和边缘计算器(Mobile Edge Computing,MEC)组成的控制中心对资源进行控制,可以有效抑制共信道干扰问题。基于蜂窝网络的 V2X 通信架构图如图 4-17 所示。

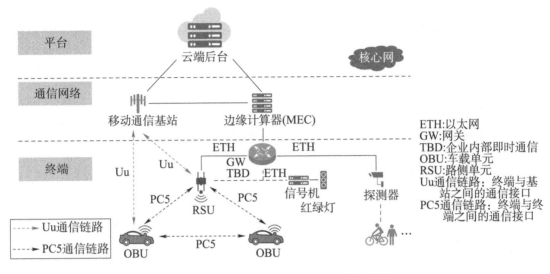

图 4-17 基于蜂窝网络的 V2X 通信架构图

随着蜂窝移动通信系统从 4G 到 5G 的演进,V2X 技术标准的演进可以分为 LTE-V2X 和 NR-V2X 两个阶段。NR-V2X 基于 5G 新空口(New Radio,NR)的 PC5 接口和 Uu 接口增强,主要用于支持车辆编队行驶、远程驾驶、传感器扩展等高级 V2X 业务。

在蜂窝网络通信方式中,车联网用户是复用蜂窝用户的频谱资源,V2X 通信会给蜂窝网络带来高时延和共信道干扰等问题。如何构建一个低时延、高可靠度的 V2X 通信网络,引起了工业界和学术界的广泛关注。

**1. 基于蜂窝网络的 V2X 通信系统模型**

系统模型如图 4-18 所示,假设每个路边基站都配置一个由 RSU 和 MEC 组成的控制中心。在场景图中,车辆一表示执行计算任务的车辆,车辆二表示执行传输任务的车辆。在基站的覆盖范围内,有 $m$ 辆车通过 V2I 链路连接到 MEC 服务器以便处理用户终端卸载的计算任务,同时有 $n$ 对车辆终端通过 V2V 链路执行传输任务。其中,V2I 链路占有无线资源块(Resource Block,RB),V2V 链路与 V2I 链路能够共享无线资源块。通信网络中有 $k$ 个 RB,并且满足 $k = m < n$。

**2. 通信模型和时延模型**

由系统模型图可知,假设第 $m$ 条 V2I 链路和第 $n$ 条 V2V 链路的信道增益分别表示为$g_m$和$g_n$,第$n$条V2V链路对第$m$条V2I链路造成的干扰为$g_{n,m}$,第$m$条V2I链路对第$n$条V2V链路造成的干扰为$g_{m,n}$,网络中其他车辆对共信道的干扰分别为$g'_{n,n}$、$g'_{n,m}$。V2I链路和V2V链路的无线资源块$k$分配参数分别表示为$x_{m,k}$和$x_{n,k}$,对V2I链路和V2V链路分配的资源矩阵分别表示为$X_m$和$X_n$,V2I链路和V2V链路的传输功率分别表示为$P_m$和$P_n$,设定V2X链路采用固定功率进行传输,V2I链路和V2V链路占用无线资源块$k$的传输速率$R_m$和$R_n$分别表示为:

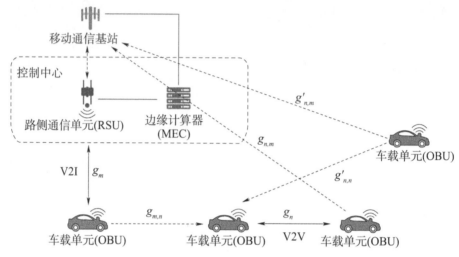

图4-18 基于蜂窝网络的V2X通信系统模型

$g_m$-第$m$条V2I链路的信道增益;$g_n$-第$n$条V2V链路的信道增益;$g_{n,m}$-第$n$条V2V链路对第$m$条V2I链路造成的干扰;$g_{m,n}$-第$m$条V2I链路对第$n$条V2V链路造成的干扰;$g'_{m,n}$,$g'_{n,m}$-网络中其他车辆对共信道的干扰

$$R_m(X_n) = B\log_2\left(1 + \frac{P_m g_m}{\sigma^2 + I_m}\right) \tag{4-28}$$

$$R_n(X_n, X_m) = B\log_2\left(1 + \frac{P_n g_n}{\sigma^2 + I_n}\right) \tag{4-29}$$

式中,$\sigma^2$是白噪声功率,$B$是传输带宽,V2I链路的共信道干扰$I_m$和V2V链路的共信道干扰$I_n$分别表示为:

$$I_m(X_n) = \sum_{n=1}^{N} x_{n,k} P_n g_{nm} \tag{4-30}$$

$$I_m(X_n, X_m) = \sum_{m=1}^{M} x_{n,k} P_n g_{nm} + \sum_{n\neq1}^{N} x'_{n,k} P'_n g'_{n,n} \tag{4-31}$$

在时延模型中,对于第$m$条V2I链接,计算任务表示为$J_m = \{d_m, I_0\}$,其中$d_m$代表计算任务的大小,$I_0$表示每个比特数据所需要CPU的资源。控制中心的V2I

链路配置卸载比例和计算能力调度分别为 $\lambda_m$、$f_m$。终端本地计算时延 $t'_m$ 和卸载计算时延 $t_m^{\text{off}}$ 的计算公式为：

$$t'_m = \frac{(1-\lambda_m)d_m I_0}{f_0} \quad (0 < \lambda_m < 1) \tag{4-32}$$

$$t_m^{\text{off}} = \frac{\lambda_m d_m}{R_m} + \frac{\lambda_m d_m I_0}{f_m} \tag{4-33}$$

式中，$f_0$ 表示终端本地计算能力；卸载时延 $t_m^{\text{off}}$ 由任务传输时延和控制中心计算时延两部分组成。

由于计算任务同时在终端本地处理器和控制中心 MEC 上并行处理，第 $m$ 条 V2I 链路的处理延迟为本地计算时延 $t'_m$ 与卸载计算时延 $t_m^{\text{off}}$ 之间的最大值 $\max\{t'_m, t_m^{\text{off}}\}$，对于第 $n$ 条 V2V 链路，传输时延可以表示为：

$$T_n(R_n) = \frac{d_n}{R_n} \tag{4-34}$$

## 二、基于 Wi-Fi 的通信方式

如果把 V2I 链路通信方式替换为基于 Wi-Fi 的通信方式，就会出现 LTE 和 Wi-Fi 系统共存的现象，从 LTE 系统到 Wi-Fi 系统的业务卸载一般属于不同运营商之间的卸载，由于缺乏跨系统的中央控制器，Wi-Fi 系统中卸载业务及已有业务的性能很难保证。假设 LTE 系统和 Wi-Fi 系统属于同一运营商，由于 Wi-Fi 系统性能不稳定、不可靠，保证卸载业务的服务质量（Quality of Service, QoS）也是一个重要的挑战。此外，由于 Wi-Fi 系统采用分布式协调功能（Distributed Coordination Function, DCF）的竞争接入机制，其容量往往取决于竞争节点的数目。为避免 Wi-Fi 系统因负载过多引起超载及严重碰撞，LTE 系统需要严格把控卸载业务的数目。

对于 Wi-Fi 网络，我们需要保证每个用户的最小吞吐量，如 $AP_k$ 的最小吞吐量为 $R_k^T$。这个值是保证 LTE 与 Wi-Fi 共存系统间公平性的重要参数，可由 LTE 通过与 Wi-Fi 进行谈判或者检测 Wi-Fi 网络性能后决定。

定义 $\gamma_{mi}^s$ 为 $SBS_m$ 在许可频段第 $i$ 个资源块上的信干噪比（signal to Interference plus Noise Ratio, SINR），可表示为：

$$\gamma_{mi}^s = \frac{g_{mi}P}{\sum_{m'\neq m} g'_{m'mi}P + \sigma_s^2} \tag{4-35}$$

式中，$g_{mi}$是信道功率增益，$P$是传输功率，$\sigma_s^2$是噪声功率，$g'_{m'mi}$是$SBS_{m'}$在第$i$个资源块上的干扰功率增益。$SBS_m$的平均吞吐量可以表示为：

$$C_m^s = B\, E_m\{\log_2(1+\gamma_{mi}^s)\} \tag{4-36}$$

式中，$E_m$表示对不同RB、信道衰落，以及干扰的数学期望值。这里的计算假设条件是Wi-Fi与LTE采用相同的传输协议，且每个SBS在不同频段上具有相同的平均吞吐量。在混合模式下，$SBS_m$卸载$N_{mk}$个用户给$AP_k$的同时占用$L_{mk}$个可用频段时隙。在保证Wi-Fi性能下，需求解最大化SBS中最小用户平均吞吐量。因此，最优化问题可描述为：

$$\max_{\{N_{mk},L_{mk}\}} \min_m \left\{ \frac{C_m^s + C_m^s \sum_{k=1}^{k} L_{mk}}{N_m^s - \sum_{K=1}^{K} N_{mk}} \right\} \tag{4-37}$$

## 第四节 数据融合技术

多传感器图像融合是将两个或两个以上的传感器在同一时间或不同时间内获取的关于某个特定场景的图像数据进行多层次、多视角融合分析的过程。多个传感器的融合信息具有冗余性和互补性的特点，能明显改善单一传感器的性能缺陷。通过数据融合处理，系统可以最大限度获取目标或场景的完整信息描述。例如在黑夜、雨雾等天气条件下，摄像机性能下降，无法获取高质量图像，影响监控系统性能。采用摄像机、毫米波雷达、激光雷达等多传感器的融合信息能有效解决上述问题，毫米波雷达在极端天气环境下依然能稳定工作，输出图像信息和检测结果，弥补摄像机短暂的"失明"状态。

多传感器图像融合的过程主要有：数据配准、特征提取、特征分类以及识别决策四个阶段。依据数据融合层次，又可以分为像素级图像融合、特征级图像融合和决策级图像融合三个层次。

像素级图像融合：把多个传感器获得的原始观测数据进行直接融合后再提取图像特征的方法，属于最低层次的图像融合形式。其优点在于信息损失小，能尽可能保留场景的原始信息，可以提高检测精度高。其缺点在于抗干扰能力差，对于异质图像的配准要求高。摄像机与激光雷达的图像数据融合属于像素级融合技术,激光雷达产生的稠密点云数据可直接与光学图像进行融合处理,往往可达到数据增强的效果。

特征级图像融合:对预处理和特征提取后的图像信息进行综合处理的方法,属于一种中间层的融合处理过程。其优点在于既保留了足够的重要信息,又可压缩信息,满足系统实时性的要求。缺点在于图像预处理的具体形式与应用目的及场景密切相关,没有统一的方法。摄像机与毫米波雷达的图像数据融合属于特征级融合技术,毫米波雷达产生的是稀疏点云数据,与光学图像直接进行数据合成处理意义不大,往往需要通过图像数据的几何形状、方向、位置及时间范围等信息特征匹配后,再进行分类决策。

决策级图像融合:根据一定的准则对特征分类后的可信度做出最优决策的方法,属于最高层次的图像融合形式。其优点在于图像配准要求低,融合实时性好,具有一定的容错能力。缺点在于信息损失大,过分依赖认知模型和专家系统的分析与识别能力。多个异类传感器之间的图像数据融合通常可使用决策级图像融合技术。例如,摄像机提供光学图像,毫米波雷达提供雷达俯视图,激光雷达提供三维点云图像,三者之间的融合可以利用毫米波雷达的点云数据的位置、方向以及速度等特征判断目标所在的二维图像位置,再利用激光雷达与光学图像融合后的增强图像进行物体的判别。

不同传感器对同一物体生成的图像信息,在光学特性、几何特性和空间位置等方面都存在一定的差异,无论是哪个层级的融合技术,数据配准是多传感器图像融合必要的前提工作。数据配准的目的在于找到一幅图像中的目标对象映射到另一幅图像中对应点的最佳时空变换关系。

## 一、摄像机与毫米波雷达融合

### 1. 毫米波雷达和摄像机的空间融合

毫米波雷达提供目标的距离、速度等信息,摄像头提供目标的类别、轮廓等信息,将两种信息融合可以获得更完整的车辆信息。为了实现数据的互补及提高目标检测的可靠性,需要将毫米波雷达和摄像机得到的数据融合。对多传感器的信息进行融合主要包括空间上的融合和时间上的融合。空间上的融合主要是建立坐标系,使不同传感器的信息体现在同一坐标系上。由于不同传感器采集信息的频率是不同的,为了使得采样信息同步,还需要采用时间上的融合。

毫米波雷达和摄像头在空间上实现融合是将毫米波雷达的测量值通过坐标系转换映射到像素坐标系上,使不同传感器的信息体现到同一坐标系上。坐标系转换涉及的坐标系包括像素坐标系、雷达坐标系、摄像头坐标系、图像坐标系以及世界坐标系。采用相机的离线标定即可计算出上述坐标系的转换参数,实现毫米波雷达和摄像头的空间融合,其融合流程图如图4-19所示。

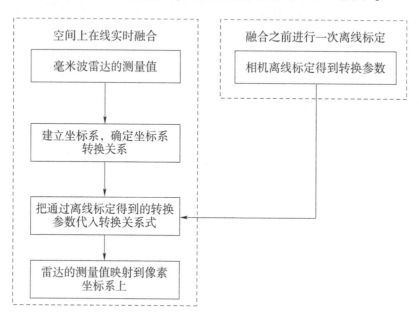

图 4-19 空间融合流程图

图 4-20 为空间坐标系转换过程,像素坐标系为坐标系转换的最终结果。

毫米波雷达需要经过五个坐标系之间的数据转换,最终把雷达坐标系中的数据转换至像素坐标系中。三维摄像机坐标系下的目标图像先通过透视成像原理映射到二维成像平面,再将图像数据通过光学的畸变矫正转换至像素坐标系下的像素坐标,毫米波雷达与摄像机的数据在像素坐标系下进行配准。

1)毫米波雷达坐标系转换至世界坐标系

在数据融合过程中,毫米波雷达坐标系为二维坐标系,输出的是点迹信息,这些信息通常包含径向距离、速度和角度。设定雷达坐标系 $X_rO_rY_r$ 与世界坐标系中的二维平面 $X_wO_wZ_w$ 为相同水平方向,雷达发射波方向为 $Y_r$,与世界坐标系

的 $Z_w$ 轴方向一致，世界坐标系 $Y_w$ 轴垂直于雷达坐标系平面，方向向下。两个坐标系的空间关系如图 4-21 所示。

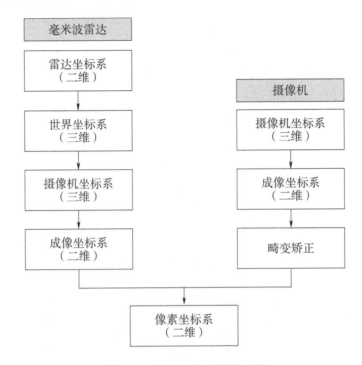

图 4-20　空间坐标系转换过程

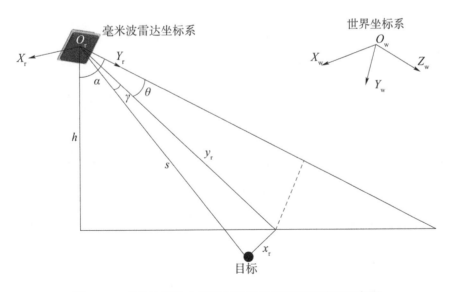

图 4-21　毫米波雷达坐标系与世界坐标系空间关系示意图

图 4-21 中，毫米波雷达检测到目标的径向距离为 $s$，角度为 $\gamma$。雷达的安装高度 $h$，倾斜角度为 $\alpha$。可求得以下关系式：

$$\begin{cases} x_r = s \cdot \sin\gamma \\ y_r = s \cdot \cos\gamma \end{cases} \quad (4\text{-}38)$$

$$\theta = \alpha - \left(\cos^{-1}\frac{h}{y_r}\right) \quad (4\text{-}39)$$

因此,毫米波雷达坐标系与世界坐标系的转换关系为:

$$\begin{cases} x_w = x_r \\ y_w = y_r \sin(\theta) \\ z_w = y_r \cos(\theta) \end{cases} \quad (4\text{-}40)$$

2) 世界坐标系转换至摄像机坐标系

在实际应用中,毫米波雷达与摄像机是同一高度安装的,以雷达为中心的世界坐标系可以通过旋转和平移转换至摄像机坐标系,如图4-22所示,世界坐标系的二维平面 $X_w O_w Y_w$ 与摄像机坐标的二维平面 $X_c O_c Y_c$ 为相同的水平方向,世界坐标系 $Z_w$ 轴与摄像机镜头方向 $Z_c$ 方向一致,因此,雷达发射波方向也与镜头方向相同。

图4-22 世界坐标系转换至摄像机坐标系示意图

世界坐标系与摄像机坐标系的转换关系如式(4-41)所示,$R$ 为旋转系数矩阵,$T$ 为平移系数矩阵,平移量和旋转量根据摄像机的外部参数设定。

$$\begin{bmatrix} x_c \\ y_c \\ z_c \\ 1 \end{bmatrix} = \begin{bmatrix} R & T \\ 0^T & 1 \end{bmatrix} \begin{bmatrix} x_w \\ y_w \\ z_w \\ 1 \end{bmatrix} \quad (4\text{-}41)$$

3) 摄像机坐标系转换至成像坐标系

利用摄像机成像原理将摄像机坐标系下的目标点转化为成像坐标系的目标坐标,$O_c$ 为光心,$O_c Z_c$ 为光轴,如图4-23所示。

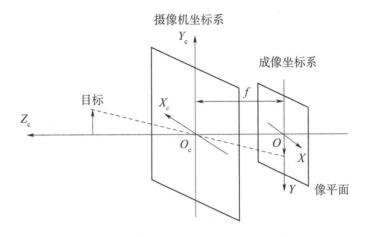

图 4-23　摄像机坐标系转换至成像坐标系示意图

通过小孔成像模型把三维立体目标映射到二维像平面上,转换关系为:

$$\begin{cases} x = \dfrac{x_c}{z_c}f \\ y = \dfrac{y_c}{z_c}f \end{cases} \tag{4-42}$$

式中,$(x_c, y_c, z_c)$ 是目标点的三维坐标,$f$ 为焦距,$(x, y)$ 是转换后的成像坐标。

4)成像坐标系转换至像素坐标系

像素坐标系 $UOV$ 与成像坐标系 $XO_0Y$ 为同一平面,坐标轴方向不变。由于图像信息是以像素为单位的矩阵信息,成像坐标系小于像素坐标系,因此两坐标系的原点存在一定的偏移,如图 4-24 所示。目标通过摄像机坐标系的光心 $O_c$ 在像素坐标系下所映射的坐标为 $(u_0, v_0)$,原点为 $O_0$。

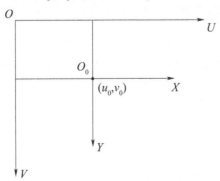

图 4-24　成像坐标系与像素坐标系的关系示意图

成像坐标系与像素坐标系的转换关系式为：

$$\begin{cases} u = \dfrac{x}{d_x} + u_0 \\ v = \dfrac{y}{d_y} + v_0 \end{cases} \quad (4\text{-}43)$$

式中，$d_x$ 和 $d_y$ 为摄像机的内部参数，可根据摄像机标定求得。

经过五个坐标系之间的转换关系，从雷达坐标系转换至像素坐标系的总体的换算公式为：

$$z_c \begin{bmatrix} u \\ v \\ 1 \end{bmatrix} = \begin{bmatrix} \dfrac{f}{d_x} & 0 & u_0 & 0 \\ 0 & \dfrac{f}{d_y} & v_0 & 0 \\ 0 & 0 & 1 & 0 \end{bmatrix} \begin{bmatrix} \boldsymbol{R} & \boldsymbol{T} \\ 0^{\mathrm{T}} & 1 \end{bmatrix} \begin{bmatrix} x_w \\ y_w \\ z_w \\ 1 \end{bmatrix} = \boldsymbol{M}_1 \boldsymbol{M}_2 \begin{bmatrix} s \cdot \sin\gamma \\ s \cdot \cos\gamma \cdot \sin\theta \\ s \cdot \cos\gamma \cdot \cos\theta \\ 1 \end{bmatrix} \quad (4\text{-}44)$$

式中，矩阵 $\boldsymbol{M}_1$ 为摄像机的内部参数矩阵，通过摄像机的标定可得。矩阵 $\boldsymbol{M}_2$ 为摄像机的外部参数矩阵，由旋转矩阵和平移向量组成。由目标映射到像素坐标系中的坐标值 $(u,v)$ 可以直接通过毫米波雷达对目标的探测径向距离 $s$、探测角度 $\gamma$ 和安装倾斜角 $\theta$ 求得。

5）摄像机图像畸变校正

上述内容描述了理想情况下三维场景到二维图像的转换，而在真实场景下，相机的内参、外参、镜头的畸变等参数直接影响图像质量。因此，为了获取质量较高的图像，需要先对相机参数进行标定，标定的好坏决定了最终的匹配效果和视差精度。

小孔成像模型不需要考虑图像畸变的问题，因为该成像过程是在无镜头环境下实现的。但是在真实场景中，光学成像容易发生畸变现象，图像畸变的原因有很多，其中由于摄像机结构产生的图像畸变问题最为普遍。摄像机透镜由于制造精度以及组装工艺的偏差会引起畸变，导致原始图像的失真。镜头的畸变主要分为径向畸变和切向畸变两类。

当相机传感器平面（像平面）或图像平面与透镜不平行时，现实场景中的三维图像投影到传感器时发生倾斜，成像的位置会出现偏移，称为切向畸变，表达式如下：

$$x_c = 1 + 2p_1xy + p_2(r^2 + 2x^2) \tag{4-45}$$

$$y_c = 1 + 2p_2xy + p_2(r^2 + 2y^2) \tag{4-46}$$

式中，$(x,y)$ 为初始像素坐标；$(x_c,y_c)$ 为校正后的坐标；$p_1,p_2$ 为径向畸变参数；$r$ 为像素点到畸变中心的距离。

沿着透镜半径方向产生的畸变，称为径向畸变。造成畸变的原因是光线在透镜中心比其他地方更加容易弯曲，离透镜中心越远，畸变越大。径向畸变的具体表达式如下：

$$x_d = x(1 + k_1r^2 + k_2r^4 + k_3r^6) \tag{4-47}$$

$$y_d = y(1 + k_1r^2 + k_2r^4 + k_3r^6) \tag{4-48}$$

式中，$k_1$、$k_2$、$k_3$ 为径向畸变系数。

现有的相机标定方法有自标定法、摄影测量标定法和棋盘格标定法等。张正友的棋盘格标定法因其精度高和鲁棒性强的特点是双目视觉领域最常用的标定方法，在 Opencv 等工具软件中有集成的应用程序接口（Application Programming Interface，API），可直接调用相关函数进行校正。

**2. 毫米波雷达和摄像机的时间融合**

在进行传感器信息融合时，需要保证每个传感器输出的数据是在同一时刻获得的，否则会导致信息融合结果出现较大误差。通常来说，传感器的采样频率互不相同，数据进入处理程序的时间也不相同，因此需要从时间轴中筛选出各传感器都有的数据输出时刻，将此类时刻的数据作为信息融合的输入，以保证多传感器之间检测数据的时间同步。

本节中采取线程同步的方法来实现毫米波雷达和摄像头数据的时间同步，具体流程为：

（1）定义三个数据处理线程，分别用于毫米波雷达数据处理、摄像头数据处理和数据同步。

（2）摄像头数据处理线程在接收到图像数据时，将图像数据送入缓存队列，同时等待毫米波雷达数据处理线程的输出指令；当接到输出指令时，摄像头数据处理线程从图像缓存队列中抓取出对应时刻的图像数据，并向数据同步线程输出；毫米波雷达数据处理线程在接收到雷达数据时，向摄像头数据处理线程发送图像数据输出指令，同时向数据同步线程输出雷达数据；数据同步线程将接收到的雷达数据和图像数据不断送入缓冲区,等待后续传感器信息融合程序对数据的调用。

经过上述流程,即可完成雷达数据和图像数据的时间同步,由于缓冲区的存在,后续的融合程序可以挑选最新时刻的数据进行处理,保证传感器数据的实时性和有效性。在实际使用中,难以保证毫米波雷达和摄像头同时开始工作,导致两个传感器输出的数据存在初始时间差。但是,在上述处理流程中,在任意时刻,对于进入缓冲区的某一组雷达数据和图像数据而言,其采样时间差都不会超过摄像头的工作周期,对时间同步的影响基本可以忽略,至此就完成了传感器的时间融合。

**3. 基于雷达与摄像头融合的目标识别算法**

基于雷达与摄像头融合的目标识别算法主要包括毫米波雷达模块与摄像头模块两个部分,具体的执行过程是先由摄像头模块完成目标检测,将信息传送给雷达模块,由雷达模块完成最后的融合工作(图4-25)。

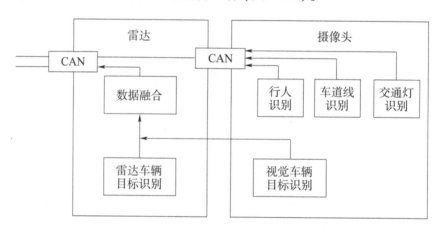

图4-25 融合系统架构示意图

毫米波雷达与摄像头独立进行识别,分别给出各自的判断结果,即输出目标序列。融合算法对这些结果进行综合判断,得到最终的输出结果。融合系统的输入输出关系如图4-26所示。

具体而言,毫米波雷达可以提供目标的位置与纵向速度信息,摄像头的视觉算法可以提供目标的位置、尺寸和类型信息(特意区分是因为雷达会识别到所有能反射电磁波的目标,而摄像头只会识别训练过的目标)。两个目标序列经过融合后,输出完整的位置、宽度、类型信息。

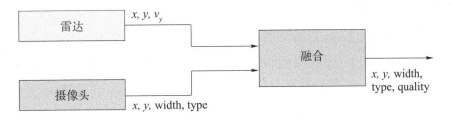

图 4-26　融合系统

需要说明的是,完整的目标识别功能包括:每一周期对目标的识别以及对之前检测到目标的跟踪。跟踪的目的是维护有效的"目标物体库",为不同的应用提供最终的目标序列。在每个周期,融合系统获得了两方面的目标序列后,主要需要解决以下三个问题。

1)观测值匹配问题

将一个周期内新识别到的目标与跟踪目标进行匹配。图 4-27 直观地展示了雷达和摄像头对目标探测的特点,雷达在目标纵向距离上的探测相对准确,但横向上误差较大,摄像头恰好相反。因此,每一周期获得的雷达和摄像头的目标是有偏离的,需要一种有效的手段来确认哪些雷达和摄像头的观测值由同一目标产生,然后进行融合。

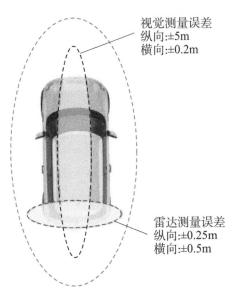

图 4-27　雷达与摄像头测量误差示意图

2)数据融合问题

如果已经确认两个分别来自雷达和摄像头的观测值对应着同一个目标,则需要融合两者给出最终结果。以目标横向距离探测为例,两个传感器有各自的观测值分布。理论上这两个分布有着相同的平均值,但是由于传感器特性的不同,它们有不同的方差,分布曲线可能也不尽相同。融合算法需要从两种传感器的特性出发,综合两条分布曲线得到融合结果的概率分布。通常直观地认为融合结果应该介于两个观测值之间。

3) 维护有效目标库

每一周期可能会有新目标的出现和旧目标的消失。对于没有新观测值的目标,需要将其从跟踪序列中删除。对于新的观测值,需要建立一个新目标来初始化跟踪。

基于马哈拉诺彼斯距离(Mahalanobis Distance,简称"马氏距离")的观测值匹配,对信息融合中第一个需要解决的问题——观测值匹配的基本数学概念进行描述。对于需要识别和跟踪的目标,它的状态向量满足下式:

$$x_k = f_k(x_{k-1}, u_{k-1}, v_{k-1}) \tag{4-49}$$

式中,$\{x_k, k=0,1,2,\cdots\}$ 是离散时间的状态向量序列。在现实世界中函数 $f_k$ 往往是非线性的,$u_{k-1}$ 是已知的控制输入。$\{v_k, k=0,1,2,\cdots\}$ 是一个独立于其他变量,并且满足正态分布的系统噪声。

在一个识别与跟踪问题中,我们的目标是递归地估计状态向量。通常这个状态序列被认为是一个随机变量,需要找到目标状态的概率密度函数。在我们研究的问题中,状态向量中的值应该是目标物体的位置或速度信息。为了能对真实状态向量进行估计,用传感器对目标进行测量,观测值与真实值满足下式:

$$z_k = h_k(x_k, w_k) \tag{4-50}$$

式中,$h_k$ 可表征为非线性函数,$\{w_{k-1}, k=0,1,2,\cdots\}$ 是观测值噪声。

现在需要引入观测值匹配问题。在本书研究的问题中,每一周期可以得到两个传感器提供的目标序列,那么视野中每一目标可能有0~2个传感器观测值。观测值匹配需要解决的问题是:对于每一个在跟踪中的车辆目标,为其选择最有可能由其产生的观测值。如果为跟踪的目标分配了错误的观测值,或者说该目标没有被传感器探测到,那么状态估计的准确性就会大受影响。

如图4-28展示了数据关联的场景。在某一时刻(第 $k$ 步)我们得到了基于前一时刻(第 $k-1$ 步)信息的预测值 $\hat{z}_{k|k-1}$,以及一系列本周期的观测值。我们需

要确定这些观测值来自雷达还是摄像头。

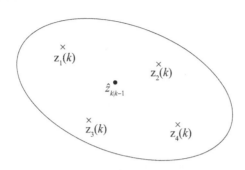

图 4-28 数据关联示意图

马氏距离现已广泛应用于两点间协方差距离的计算。在马氏距离中，预测值与观测值的距离定义如下：

$$d_M = \sqrt{(z_i - z_{k|k-1})^T S_k^{-1} (z_i - z_{k|k-1})} \tag{4-51}$$

式中，$d_M$ 为目标观测值与预测值的马氏距离；$z_i$ 为本周期第 $i$ 个目标观测值。$z_{k|k-1}$ 是基于 $k-1$ 时刻的本周期的目标预测值；$S_k$ 向量是两个样本间的协方差矩阵，它的第 $m$ 行第 $n$ 列的元素定义为两个样本第 $m$ 和第 $n$ 个元素的协方差。

若一个观测值在下式所定义的区域中，那么就可以认为它是有效的。通常当 $c=3$ 时，统计上超过 99.8% 的有效观测值都会包含在上述区域中。

$$V_k = \{z : \sqrt{(z_i - z_{k|k-1})^T S_k^{-1} (z_i - z_{k|k-1})} \leqslant c\} \tag{4-52}$$

马氏距离的本质是衡量两个状态向量分布的相似度。状态向量的分布是由平均值和协方差矩阵来刻画的，其中协方差矩阵反映了状态向量在特征空间中的分布形状，如图 4-29 所示。

基于 JPDA 的数据融合，在成功将来自两个传感器的观测值分配给现有的目标后，下一步是对它们进行有效融合，进一步实现对车辆目标的多传感器信息融合。它是一种利用历史观测值间关联概率来进行状态估计的次最优算法，基本思路是：对各有效观测值按发生概率加权平均，从而对系统真实状态进行估计。这一系列概率数据关联算法的状态估计都基于卡尔曼滤波，因此系统需要满足以下几条假设：各目标的状态与存在性相互独立；每个目标只产生一个观测值；状态方程和观测模型的噪声都服从高斯分布。

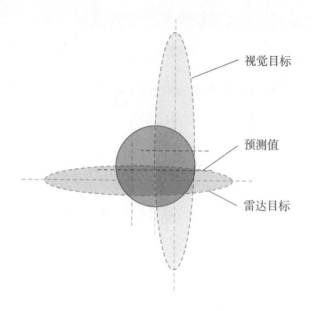

图 4-29　观测值概率分布与马氏距离

图 4-30 展示了 JPDA 算法的流程：包括目标状态更新与存在性概率更新。其中状态更新的流程与标准卡尔曼滤波基本一致，存在性概率更新与状态更新同时进行。

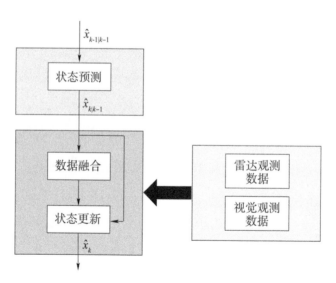

图 4-30　JDPA 算法流程

在目标跟踪问题中，系统的状态方程可以写成：

$$\boldsymbol{x}_{i,k} = \boldsymbol{F}_k \boldsymbol{x}_{i,k-1} + \boldsymbol{v}_k \quad (i=1,2,\cdots,N) \tag{4-53}$$

其中，$\boldsymbol{x}_{i,k}$ 是 $n_x$ 维的状态向量，下标 $i$ 表示这是第 $i$ 个目标；$\boldsymbol{F}_k$ 为系统矩阵；$\boldsymbol{v}_k$

是平均值为 0 的白噪声,只与状态方程特性有关,其协方差矩阵满足:

$$E(\boldsymbol{v}_k \boldsymbol{v}_k^{\mathrm{T}}) = \boldsymbol{Q}_k \tag{4-54}$$

同时,观测值与真实状态的关系满足:

$$\boldsymbol{z}_{ij,k} = \boldsymbol{H}_j \boldsymbol{x}_{i,k} + \boldsymbol{w}_{j,k} \quad (j=1,2,\cdots,M) \tag{4-55}$$

其中,$z_{ij,k}$ 表示的是第 $j$ 个传感器对第 $i$ 个目标的观测值;$H_j$ 是真实值与观测值数学模型中相关函数 $h$ 的线性近似表示,它与不同传感器观测模型相关;$w_{j,k}$ 也是均值为 0 的白噪声。值得注意的是 $w_{j,k}$ 与不同的传感器模型有关,它的协方差矩阵满足:

$$E(\boldsymbol{w}_{j,k} \boldsymbol{w}_{j,k}^{\mathrm{T}}) = \boldsymbol{R}_j \tag{4-56}$$

在完成第 $k-1$ 步的状态更新后,首先需要对上一步的状态值和观测值进行预测,如式(4-57)所示:

$$\begin{cases} \widehat{\boldsymbol{x}}_{i,k \mid k-1} = \boldsymbol{F}_k \widehat{\boldsymbol{x}}_{i,k-1 \mid k-1} \\ \widehat{\boldsymbol{z}}_{ij,k \mid k-1} = \boldsymbol{H}_{j,k} \widehat{\boldsymbol{x}}_{i,k \mid k-1} \end{cases} \tag{4-57}$$

然后是本周期的状态更新过程:

$$\widehat{\boldsymbol{x}}_{ij,k} = \widehat{\boldsymbol{x}}_{i,k \mid k-1} + \boldsymbol{K}_{ij} \boldsymbol{\gamma}_{ij} \quad (i=1,2,\cdots,N; j=1,2,\cdots,M) \tag{4-58}$$

值得注意的是,这是第 $i$ 个目标根据第 $j$ 个传感器的测量值进行状态更新的结果。$K_{ij}$ 是卡尔曼增益矩阵,$\gamma_{ij}$ 是观测值与预测值的残差向量,它的定义如下:

$$\boldsymbol{\gamma}_{ij,k} = \boldsymbol{z}_{ij} - \widehat{\boldsymbol{z}}_{ij,k \mid k-1} \tag{4-59}$$

其中,$z_{ij}$ 就是上一节中经过验证得来的第 $i$ 个目标的观测值。除此之外,预测状态的协方差定义如下:

$$\boldsymbol{P}_{i,k \mid k-1} = \boldsymbol{F}_k \boldsymbol{P}_{i,k-1 \mid k-1} \boldsymbol{F}_k^{\mathrm{T}} + \boldsymbol{Q}_k \tag{4-60}$$

$S_{ij}$ 是残差的协方差矩阵:

$$\boldsymbol{S}_{ij} = \boldsymbol{H}_j \boldsymbol{P}_{i,k \mid k-1} \boldsymbol{H}_j^{\mathrm{T}} + \boldsymbol{R}_j \tag{4-61}$$

最后,卡尔曼增益矩阵可以由下式计算得到:

$$\boldsymbol{K}_{ij} = \boldsymbol{P}_{i,k \mid k-1} \boldsymbol{H}_j^{\mathrm{T}} \boldsymbol{S}_{ij}^{-1} \tag{4-62}$$

接下来,最重要的是状态值的更新,即将各观测值预测状态加权平均:

$$\widehat{\boldsymbol{x}}_{i,k \mid k} = \sum_{j=0}^{M_{i,k}} \beta_{ij} \widehat{\boldsymbol{x}}_{ij} \tag{4-63}$$

其中,$\beta_{ij}$ 是目标 $x_i$ 产生观测值 $z_{ij}$ 的概率。状态量协方差的更新如下:

$$P_{i,k|k} = \sum_{i=0}^{M_{i,k}} \beta_{ij} [P_{i,k|k-1} - K_{ij}S_{ij}K_{ij}^T] + \eta_{ij} \quad (4\text{-}64)$$

其中，$\eta_{ij}$是假设偏差，其定义如下：

$$\eta_{ij} = (\hat{x}_{ij} - \hat{x}_{i,k|k})(\hat{x}_{ij} - \hat{x}_{i,k|k})^T \quad (4\text{-}65)$$

最后，根据泊松分布理论，概率权重$\beta_{ij}$满足：

$$\beta_{ij} = \frac{\exp\left(-\frac{1}{2}\gamma_{ij}^T S_{ij}^{-1} \gamma_{ij}\right)}{\sum_{j=1}^{M_i} \exp\left(-\frac{1}{2}\gamma_{ij}^T S_{ij}^{-1} \gamma_{ij}\right)} \quad (4\text{-}66)$$

本节建立的具体系统模型，包括状态模型与观测模型。在离散状态模型中，状态向量选取为：

$$x = \begin{bmatrix} l^y & v^y & l^x & v^x \end{bmatrix}^T \quad (4\text{-}67)$$

四个元素分别表示车辆目标的纵向位置、纵向速度、横向位置和横向速度。系统矩阵$F_k$满足：

$$F_k = \begin{bmatrix} 1 & \Delta t & 0 & 0 \\ 0 & 1 & 0 & 0 \\ 0 & 0 & 1 & \Delta t \\ 0 & 0 & 0 & 0 \end{bmatrix} \quad (4\text{-}68)$$

此外，在观测模型中，观测值向量为$z = \begin{bmatrix} l^y & l^x \end{bmatrix}^T$，矩阵$H_j$满足：

$$H_j = \begin{bmatrix} 1 & 0 & 1 & 0 \\ 0 & 0 & 0 & 0 \end{bmatrix} \quad (4\text{-}69)$$

基于上述内容，最终的算法流程如图4-31所示。

算法流程简述如下。

步骤1：更新传感器（毫米波雷达、摄像头）的目标序列，基于马氏距离关联观测值和现有目标值。需要注意的是，由于JPDA算法并不能动态处理目标数目，此处我们需要对车辆库进行手动维护，对于未被分配的观测值，我们将其作为一个新目标。若有雷达和摄像头目标的马式距离小于一定范围的目标，我们将它们融合为一个新的目标，状态量取两者平均值。

步骤2：对现有目标进行数据融合和状态更新。

步骤3：对融合目标的参数进行整合，目标将直接获得雷达提供的纵向速度信息和摄像头提供的目标宽度信息。

重复步骤1~3。

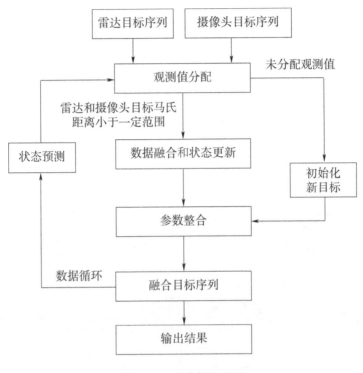

图4-31 融合算法流程

## 二、摄像机与激光雷达融合

在交通领域,如自动驾驶、车辆感知、辅助驾驶等应用中,大部分采用激光雷达进行室外复杂场景的导航和定位,相对于毫米波雷达,激光雷达的稳定性和精度较高。而激光雷达技术也存在明显的缺点,激光雷达只能得到稀疏的深度图,对于室外复杂场景的感知,需要256线以上才能得到较为精准的判断结果,硬件成本较高。

普通的摄像机是一个2D传感器,优势在于可以给出一个清晰而且可以选择分辨率的图像,劣势在于视场有限,聚焦于有限视场且没有深度信息。尽管存在局限性,但可以在相机图像的基础上,通过机器学习和深度学习算法来获得我们想要的结果。

激光雷达发出激光并根据在周围反射的光线在周围的环境中提供点,Velodyne16线等都可以提供360°的水平视场(FOV)和大约15°的有限垂直视场,激光雷达的主要优点是可以提供准确性高的深度值,但是输出是稀疏的,分辨率不高。

将摄像机与激光雷达的输出融合可以弥补各自的劣势,优势互补,利用每个传感器的优点来精确了解需要探测的环境。相机在检测道路、读取标志或识别车辆方面很有优势,激光雷达更擅长准确估计车辆的位置和速度。

摄像机与激光雷达的数据融合涉及两类传感器的标定,标定与安装的位置有关,找到摄像机与激光雷达的 FOV 焦点,使摄像机输出的图片和激光雷达输出的点云信息重合,然后给图像每个像素赋予深度信息或雷达点云 RGB 信息,输出彩色点云。图 4-32 是某个路口的激光雷达点云图。

图 4-32　激光雷达点云图

近年来,随着深度学习技术的发展,计算机视觉在自动驾驶、车辆识别、辅助驾驶、行人识别等领域中得到了广泛应用,不同于激光雷达技术,计算机视觉技术通过摄像机提供足够丰富的场景图像信息,利用复杂的人工智能算法计算出稠密的深度图,再利用三角测量原理对室外复杂环境进行重建和感知。其中,常用的计算机视觉技术有单目深度估计、双目立体匹配、多视角三维重建等。虽然上述计算机视觉技术利用摄像机获取的图像信息就能实现复杂场景的感知,硬件成本低、应用广,但是仍然存在诸多挑战,主要有以下几个方面:

(1)复杂场景下的光照强度变化、雨雪雾天气、车辆抖动、车速、行人、障碍物和车辆检测、相机畸变和曝光等因素的干扰,给视觉算法准确计算出场景的空间和几何信息带来了巨大挑战。

(2)现有最先进的单目深度估计、双目立体匹配、多视角三维重建技术,还没有比较好的算法能够在满足实时性要求的情况下解决上一条所述的问题。

（3）现有最先进的计算机视觉技术也存在比较明显的缺点，单目深度估计技术虽然在室外复杂场景下得到了广泛应用，但是精度还比较低；双目立体匹配技术虽然能够快速得到比较精准的深度图，但是车辆的抖动会使得双目相机的标定、裁剪不准确，极易引起误匹配；而多视角三维重建技术通过多个角度的视图，能够精准地重建场景，但是该技术需要大量的计算时间，不能满足实时性的要求。

鉴于以上技术各自的特点以及存在的缺点，将多种技术方案进行融合是未来的重点和突破方向，即在室外场景下将单目深度估计技术和激光雷达技术进行融合，室内场景采用双目立体匹配技术与激光雷达技术相融合等方案。

单目深度估计技术与激光雷达技术融合的方案如图4-33所示。其中，单目深度估计技术通过卷积神经网络（Convolutional Neural Network，CNN）模块进行计算，激光雷达技术得到稀疏的视差图，并进行置信度估计，筛选出置信度高的像素深度值将其与CNN模块进行融合，对单目的错误视差进行纠正（如弱纹理、无纹理区域），同时精准地补全遮挡区域，从而快速得到精准的稠密视差图。

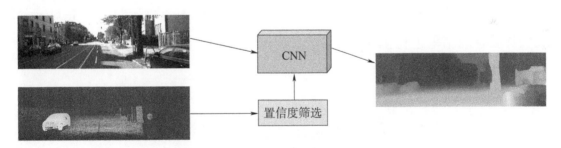

图4-33 单目深度估计与激光雷达融合

基于上述思路，百度研究院于2018年在欧洲计算机视觉国际会议（European Conference on Computer Vision，ECCV）上提出了《通过卷积空间传播网络进行相似性学习深度估计（Depth Estimation via Affinity Learned with Convolutional Spatial Propagation，Network）》，利用单张图和稀疏图，采用传统邻域传播思想，提出了卷积空间传播网络CSPN模块，使得传播策略更加高效、深度估计更加精准，对单目深度估计错误的位置如遮挡、空洞等病态区域进行了深度补全。

将简单有效的卷积空间传播网络用于学习深度估计任务中的亲和矩阵,利用高效的线性传播模型通过循环卷积的方式进行空间传播和学习,从而得到邻域像素间的相关性,该学习模块称为 CSPN 模块。将 CSPN 模块运用到单目深度估计任务中,利用激光雷达采集的比较准确的稀疏数据作为置信度高的"锚点",融合单目 RGB 图像进行学习,得到稠密深度图。CSPN 模块如图 4-34 所示。

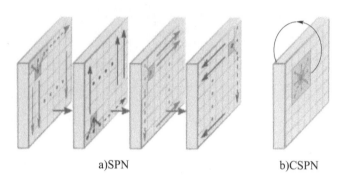

图 4-34 空间传播网络(SPN)与卷积空间传播网络(CSPN)

将深度估计问题形式化为各向异性扩散过程,扩展后的张量通过深度 CNN 直接从给定的单目 RGB 图像中学习,最后用于指导输出结果的优化。给定深度图 $D_0 \in R^{m \times n}$ 为现有的深度估计网络的输出,融合图像 $X \in R^{m \times n}$,任务的目的是通过 $n$ 次迭代得到新的深度图 $D_n$,该结果首先保留图像的更多细节信息,并对像素级的深度预测结果进行优化。将 $D_0$ 嵌入到隐空间 $H \in R^{m \times n \times c}$,则大小为 $k$ 的核卷积转换函数对于每个步骤 $t$ 可以写为:

$$H_{i,j,t+1} = \sum_{a,b=-\frac{k-1}{2}}^{\frac{k-1}{2}} k_{i,j}(a,b) \cdot H_{i-a,j-b,t} \tag{4-70}$$

式中,$k_{i,j}(a,b) = \dfrac{\widehat{k}_{i,j}(a,b)}{\sum_{a,b,a,b \neq 0} |\widehat{k}_{i,j}|}$,$k_{i,j}(0,0) = 1 - \sum_{a,b,a,b \neq 0} k_{i,j}(a,b)$,转换核 $\widehat{k}_{i,j} \in R^{k \times k \times c}$ 是亲和力网络的输出结果,和输入图像相关;核的大小 $k$ 通常设为奇数以保证计算像素 $(i,j)$ 的邻域时计算区域是对称的,文中将核的权重正则化到 $(-1,1)$ 以保证模型训练的稳定和收敛,满足 $\sum_{a,b,a,b \neq 0} |k_{i,j}(a,b)| \leq 1$,通过 $n$ 次迭代循环,达到稳定状态。

CSPN 满足 SPN 的所有性质,将上述的公式重新写为:

$$H_v^{t+1} = \begin{bmatrix} 1-\lambda_{0,0} & k_{0,0}(1,0) & \cdots & 0 \\ k_{1,0}(-1,0) & 1-\lambda_{1,0} & \cdots & 0 \\ \vdots & \vdots & \ddots & \vdots \\ \cdots & \cdots & \cdots & 1-\lambda_{m,n} \end{bmatrix} = GH_v^t \quad (4-71)$$

则各向异向扩展过程的推导如下：

$$H_v^{t+1} = GH_v^t = (I - D + A)H_v^t \quad (4-72)$$

$$H_v^{t+1} - H_v^t = -(D - A)H_v^t \quad (4-73)$$

$$\partial_t H_v^{t+1} = -LH_v^t \quad (4-74)$$

SPN 按序扫描图像中四个方向的所有部分，而 CSPN 每一步同时只向所有方向传播图像的局部区域，通过图像向量化的方式高效实现，且能够在深度优化等任务中得到实时性能。此外，CSPN 还应用于深度补全，比起深度估计，深度补全利用额外的稀疏深度图进行图像的深度估计，具体来说，一个稀疏集合的像素可以得到深度传感器采集的真实深度值，该信息可以用于指导深度估计中的传播过程。优化后的深度图可以保留稀疏深度图的结果，然后将优化信息传播到邻域像素，保证了稀疏深度图和邻域像素之间的相关性，通过借助扩散过程，最终的深度图能够较好地匹配原图像结构。CSPN 的复杂度为 $O(\log_2(k^2)n)$，其中，$n$ 为迭代步骤，架构图如图 4-35 所示。

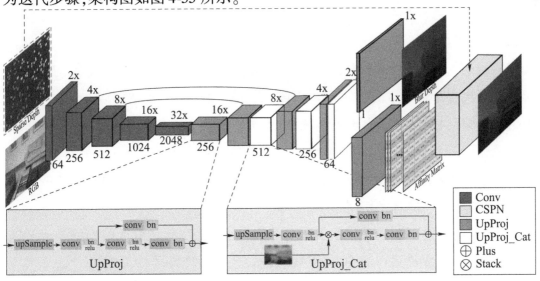

图 4-35　CSPN 架构

同样的原理,双目立体匹配与激光雷达技术的融合如图 4-36 所示。

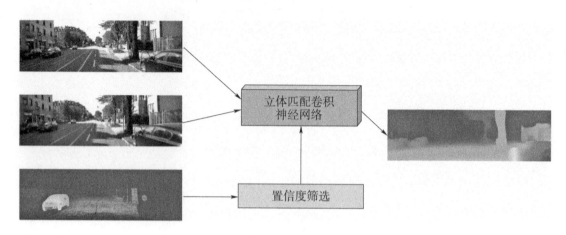

图 4-36　双目立体匹配与激光雷达融合

在上述方案中,对激光雷达得到的稀疏视差图进行置信度估计以及卷积神经网络 CNN 模块的设计成为了融合方案的关键点,现在有很多研究人员致力于这方面的研究,也取得了不错的进展。

## 三、多传感器数据融合

**1. 摄像头、激光雷达及毫米波雷达对比分析**

给自动驾驶车辆选择合适的传感器组是一项微妙的任务,因为需要平衡可靠性、成本等多方面因素。下面从范围、空间分辨率、黑暗中的鲁棒性等方面对摄像头、激光雷达和毫米波雷达的差异进行分析。

(1)范围。激光雷达和雷达系统可以探测几米到 200m 以上的物体。许多激光雷达系统很难在非常近的距离内探测到物体,而毫米波雷达可以在不到 1m 的距离内探测到物体,这取决于毫米波雷达类型(长距离、中距离或短距离)。单摄像头无法可靠地测量到物体的距离——只能通过对世界的性质(如平面路面)做出一些假设来实现。立体摄像头可以测量距离,但只能测量约 80m 以内的物体的距离,大于这个距离,精度会显著下降。

(2)空间分辨率。由于发射的红外激光波长较短,激光雷达扫描的空间分辨率约为 0.1°。这允许进行高分辨率 3D 扫描,从而表征场景中的对象。毫米波雷达不能很好地分辨小特征,尤其是远距离的物体。相机系统的空间分辨率由光学元件、图像上的像素大小及其信噪比决定。当小物体发出的光线扩散到图像传感器上的几个像素(模糊)时,小物体的细节就会丢失。此外,当几乎不存在环境光来照亮对象时,随着图像传感器的噪声级增加,对象细节被叠加,空间分辨率会降低。

(3)黑暗中的鲁棒性。毫米波雷达和激光雷达在黑暗中都具有极好的鲁棒性,因为它们都是主动传感器。激光雷达系统在白天时性能非常好,而它们在夜间的性能甚至更好,因为没有可能干扰红外激光反射探测的环境阳光。摄像头在夜间的探测能力非常低,因为它们是依赖环境光的被动传感器。尽管图像传感器的夜间性能有所提高,但在三种传感器类型中,它们的性能最低。

(4)在雨、雪、雾天气条件下的鲁棒性。毫米波雷达传感器的最大优点之一就是在恶劣天气条件下的性能较好,它们不会受到雪、大雨或空气中任何其他障碍物(如雾或沙粒)的显著影响。而作为一种光学系统,激光雷达和相机很容易受到恶劣天气的影响,其性能通常会随着逆境程度的增加而显著下降。

(5)物体分类。摄像机擅长对车辆、行人、速度标志等物体进行分类,这是摄像系统的主要优势之一,人工智能的最新进展更强调了这一点。使用高密度3D点云的激光雷达扫描也可以实现一定程度的分类,但是对象多样性不如摄像头。毫米波雷达系统不允许对很多物体进行分类。

(6)感知二维结构。摄像机系统是唯一能够解释二维信息的传感器,例如速度标志、车道标记或交通灯,因为它们能够测量颜色和光强度。这是摄像头相对于其他类型传感器的主要优势。

(7)测量速度。毫米波雷达可以利用多普勒频移直接测量物体的速度,这是雷达传感器的主要优势之一。激光雷达只能通过连续的距离测量得到一个近似速度,这使得它在测速方面的精度较低。尽管相机无法测量距离,但可以通过观察图像中物体的位移来测量碰撞时间。

(8)系统成本。近年来,雷达系统已广泛应用于汽车行业,目前的系统高度紧凑且价格合理。单目相机也是如此,在大多数情况下价格远低于695.63元❶

---

❶ 根据2023年2月26日的汇率。

(100美元)。立体相机由于硬件成本的增加和市场上应用数量的显著减少,价格更高。激光雷达在过去几年中越来越受欢迎,尤其是在汽车行业,由于技术进步,其成本已从521722.5多元(75000多美元)降至34781.5元(5000美元)以下。许多专家预测,未来几年,激光雷达模块的成本可能会降至3478.15元(500美元)以下。

(9)包装尺寸。毫米波雷达和单摄像头应能够很好地集成到车辆上。立体摄像头在某些情况下体积庞大,更难集成在风窗玻璃后面,因为它们可能会限制驾驶人的视野。激光雷达系统有各种尺寸通常安装在顶部即可完成360°扫描。

(10)计算要求。激光雷达和毫米波雷达几乎不需要后端处理。虽然摄像头是一种高效且易于使用的传感器,但它们需要大量后期处理才能从图像中提取有用信息,这增加了系统的总体成本。

综上所述,在空间分辨率方面毫米波雷达最优,在黑暗中的鲁棒性方面激光雷达最优,在目标识别能力方面摄像头最优。

**2. 多传感器数据融合面临的问题**

在许多科技文献中存在着不同的数据融合定义。联合实验室(JDL)定义数据融合是一个"多层次、多方面处理自动检测、联系、相关、估计以及多来源的信息和数据的组合过程",Klein推广了这个定义,指出数据能够由一个或者多个源提供。这两个定义是通用的,可以应用在不同的领域。基于前人的研究,笔者进行了许多数据融合定义的讨论,给出了一个关于信息融合原则性的定义:"信息融合是一种有效的方法,把不同来源和不同时间点的信息自动或半自动地转换成一种形式,这种形式为人类提供有效支持或者做出自动决策。"数据融合借鉴了许多领域,如信号处理、信息理论、统计学估计与推理和人工智能等多个学科。

最普遍和流行的融合系统概念是JDL模型,源于军事领域并且基于数据的输入和输出。原始的JDL模型把融合过程分为4个递进的抽象层次,即对象、状态、影响和优化过程。尽管JDL的应用很普遍,它还是有许多缺点,如限制性太强,特别是在军事领域的应用中,因此学者们提出了许多扩展方案。JDL的形式化主要注重数据(输入/输出)而不是过程。相对Dasarathy的框架,它从软件工程的角度认为融合系统对于一个数据流应以输入/输出以及功能(过程)作为特征。而 Goodman 等人则认为数据融合的一般概念是基于随机集合的概念。这个框架的独特性就是它结合了决策的不确定性和决策本身，同时提出了一个完全通用的表现不确定性的方案。Kokar 等人提出了一个抽象融合框架，这种形式化是基于范畴论和捕捉所有类型的融合（包括数据融合、特征融合、决策融合和关系信息融合）。这项工作的新颖之处是表达多源数据处理的能力，即数据和过程，此外它允许处理这些元素（算法）的共同组合并具有可测量和可证明的性能。这种形式化的融合标准方法为融合系统的标准化和自动化发展应用铺平了道路。

目前数据融合仍面临许多的问题，这些问题大多数源于数据融合、传感器技术的缺陷和应用环境的多样性，具体如下：

（1）数据缺陷。传感器测量的数据存在一定程度的不精确性和不确定性。数据融合算法应能够有效地利用数据冗余减少数据缺陷带来的影响。

（2）异常和虚假数据。传感器数据中的不确定性不仅源于测量中的不精确性和噪声，同时源于实际环境中的模糊性和不一致性。数据融合算法应该能利用数据冗余来减少其影响。

（3）数据冲突。当融合系统是基于证据理论推理和 Dempster 的规则时，数据冲突会造成很大影响。为了避免违反常理的结果，任何数据融合算法必须对冲突数据给予特殊的关注。

（4）数据形式。传感器网络可能收集性质相同（同类）或者不同（异质）的数据，如人的听觉、视觉和触觉，所有的情况都需要数据融合来处理。

（5）数据关联。这个问题在分布式融合设定中尤为重要和常见，例如无线传感器网络，一些外部噪声在检测时可能会与要检测的数据产生关联，如果这种数据相关没有被计算在内，数据融合算法的结果可能会过于高估或者过于低估。

（6）数据校准/匹配。在融合发生之前，每一个传感器必须从本地框架转换到一个共同的框架。这样的校准问题通常指传感器配准和处理由单个传感器节点引起的标准化错误。数据配准是融合系统成功配置的关键。

（7）数据联合。与单目标追踪问题相比，多目标追踪问题相当地复杂。其中一个新困难是数据联合问题，可能会以两种形式出现，即"测量与轨迹"和"轨迹与轨迹"的关联。前者指辨认每一个测量起源于哪个目标的问题,而后者是区分同样目标状态的轨迹。

(8)处理框架。数据融合可以进行集中式或者分布式处理。后者在无线传感器网络中通常是更合适的,因为它允许每个传感器处理本地已收集的数据,这比集中式方法所需要的通信负担消耗要低,特别是前者所有的测量必须传送到一个处理中心节点去进行融合。

(9)操作时序。在分布式融合设置中,数据的不同部分在到达融合中心之前可能穿越不同的路径,这可能导致数据不按序列地到来。为了避免潜在的性能下降,特别是在实际应用中,这个问题需要妥善的处理。

(10)静态与动态现象对比。被检测的物体可能是静止的,也可能是随时间移动的,在后者的情况中,它可能需要数据融合算法去结合最近的测量历史到融合过程中。数据新鲜度即数据源如何快速地捕获变化和相应的更新,这对数据融合结果的有效性非常重要。

(11)数据维度。假设一定程度的压缩损失是可以接受的,测量数据可以在每个传感器节点本地进行预处理或在数据融合中心整体进行预处理,这使数据被压缩到一个较低的维度。预处理阶段是有益的,本地预处理可以节约数据传输中通信的能量和宽带需求,而整体预处理可以限制融合中心节点的计算负担。

学者们针对上述问题进行了大量研究,但目前还是没有一种数据融合算法能够解决上述的所有问题,大多数研究只能解决部分问题。数据融合方法分类如图4-37所示,现有的融合算法研究就是基于如何处理这些问题。

**3. 多传感器数据融合算法**

许多数据融合算法包括流行的卡尔曼滤波(KF)方法需要交叉协方差数据具有独立性,并且通过先验知识产生一致结果。但是在实际应用中,许多数据融合与潜在未知的交叉协方差相关联,这可能是由于存在噪声,也被称作数据混乱或双计数问题。如果不妥善处理数据关联,数据融合结果就会出现有偏差。此外在数据混乱的情况下,解决方法是保持追踪系谱信息(其中包括所有传感器测量)并组成一个确定估计,这种解决方法能消除一定影响但不能很好地用融合节点数目测量。因此大多数关于数据融合的解决方法,要么消除关联的原因,要么解决融合过程中关联的影响。

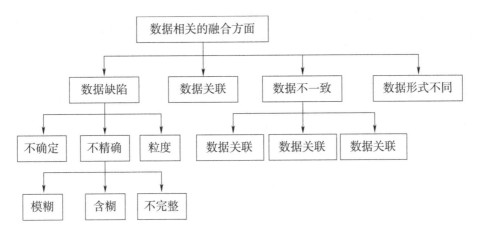

图 4-37　数据融合方法分类

首先介绍出现数据关联情况下的多传感器数据融合算法。

(1) 消除数据关联性。数据关联性在分布式融合系统中是特别严重的问题，一般由数据混乱导致。当同一信息由不同路径从源传感器传送到融合节点或由循环路径通过信息循环从一个融合节点输出回到输入时，容易出现数据混乱。在数据融合之前，可以通过去除数据混乱或者重建测量来解决这个问题。去除数据混乱方法通常假设一个特定的拓扑网络和固定的通信延迟，目前可以采用图论算法考虑有延迟变量的任意拓扑问题。重建测量方法尝试形成一个去相关测量序列，例如从最近中间状态更新到以前的中间状态，以此去除关联。然后将去相关序列当作滤波器算法的输入反馈至全局融合处理器。这个系列的拓展考虑了存在杂波、数据关联和相互作用的更复杂融合场景。

(2) 未知相关性。数据融合中存在未知的相关性问题，可以设计一个融合算法计算出数据的相关性以代替去除数据相关性的处理。协方差交集 (CI) 是普遍的处理关联数据的融合方法。CI 最初被提出是为了避免由于数据混乱矩阵协方差降低估计。这解决了一般形式下对于两个数据源 (即随机变量) 的问题，通过构造矩阵协方差的估计作为输入数据的均值和方差的凸组合。CI 已经被证明是最优的，根据寻找组合协方差的上界，以及从信息论的观点来看对于任意概率分布函数，CI 在理论上都是合理和合适的。

另一方面 CI 需要一个非线性优化过程，因此也需要相应的计算能力。此外，它往往高估交叉区域，这会导致消极的结果和由此产生的融合性能衰退。为了缓解前者问题，学者们提出了变种 CI。为了解决后者问题，学者们开发了最大椭球(LE)算法作为 CI 的替代算法。LE 通过寻找在输入协方差交叉区域内满足的最大椭圆，提供了更严格的矩阵协方差估计。后来，LE 被证实关于最大椭圆中心的公式推导是不适合的，为了解决数据未知相关性问题，学者又提出了一个新的算法，即内部椭圆近似(IEA)。这些方法的一个主要限制是它们没有能力在一个比基于 KF 技术更加强大的融合框架如颗粒滤波器里促进相关数据融合。目前，一种基于广义 CI 近似算法融合框架的 Chernoff 融合方法被提出，它解决了任意数量的相关概率密度函数(PDF)的通用融合问题。

综上，相关数据融合方法的总结见表 4-3。

**相关数据融合方法总结**　　　　　　　　　　　　表 4-3

| 框架 | 算法 | 特性 |
|---|---|---|
| 去关联框架 | 显式去除 | 一般假设一个特定拓扑网络和固定通信延迟 |
|  | 重建测量 | 适用于更复杂的融合场景 |
| 关联表现框架 | 交叉协方差 | 避免协方差低估问题，还有计算量大的问题 |
|  | 快速 CI | 通过代替非线性优化流程提高效率 |
|  | 最大椭圆 | 提供更严格（更少消极）协方差估计，而且像其他算法一样受限于基于 KF 的融合 |

接着介绍在多种传感器数据融合时出现传感器数据不一致的情况下的数据融合算法。

（3）数据异常。在融合系统中，出现的数据可能是虚假数据。这是由于不希望出现永久故障、短期尖峰失效或者缓慢发展故障等情况，可能导致传感器提供的数据对于融合系统是虚假的。如果直接进行数据融合，这样的虚假数据会导致严重的估计不准确。例如，如果使用异常值，KF 很容易被损坏。处理虚假数据的研究主要集中在融合过程中识别、预测和后续清除异常值等方面。这些技术的缺陷是需要有先验信息、并在一个特定的故障模型中。因此如果先验信息是无效的或者没有对故障事件建模，这些研究方案将表现不佳。目前推出了一个可以随机自适应建模的一般框架，它用于检查传感器的虚假数据，因此不再需要特定的传感器模型。它通过在 Bayes 融合框架中增加新的自定义变量到一般表达式中,这个变量表示了数据和实际数据不是虚假的条件下的概率估计。这个变量的预期效果是当从一个传感器得来的数据在某方面与其他传感器不一致时增加后验分布的方差。广泛的实验模拟展示了该技术在处理虚假数据时具有不错的性能。

(4)数据混乱。系统中存在一些脱离序列数据的处理办法。融合系统的输入数据通常是由标明原始时间的时间标示来标记的离散的碎片。融合系统中的一些因素,例如对于不同数据源的可变传播时间以及不同性质的传感器在多种速率下的操作,都可能导致数据脱离序列。脱序测量可能导致在融合算法中出现冲突数据。在研究当前时间与延迟测量时间之间的相关过程噪声时,主要问题是如何使用脱离序列数据(一般是旧的)更新当前估计。脱序测量的一个常见解决方法是简单地放弃它。如果脱序测量普遍存在于输入数据中,这样的解决方法将导致数据丢失和严重的融合性能衰退。另一个直接解决方法是有序地存储所有输入数据或者一旦接收到脱序数据才进行再处理。由于有大量的计算和存储要求,所以通过这种方法得到最优性能是不现实的。

(5)冲突数据。冲突数据的融合早就被认为是数据融合领域具有挑战性的难题,例如许多专家就对同一个现象有不同的意见。特别是在 D-S 理论已经大量研究了这个问题。如在 Zadeh 的著名反例中,Dempster 的融合规则对于大量冲突数据的朴素应用导致不直观的结果。自那时起 Dempster 的融合规则由于相当反直观的特性受到大量的批评,大多数解决方法提出了代替 Dempster 的融合规则。另外,一些研究者为此规则辩护,认为违反直觉的结果是由于此规则的不当应用。例如 Mabler 展示所谓 Dempster 的融合规则的不直观结果可以用一个简单正确的策略来解决,即分配任意小但不为零的置信质量去假设认为这样的结果极不可能。确实,适当运用 Dempster 的融合规则需要满足以下 3 个限制:①独立消息源提供证据;②同性质源在唯一识别框架上定义;③一个识别框架包括一个单独和详尽的假设列表。

这些限制太严格,实际应用中很难满足。因此 Dempster 融合规则已经拓展至更灵活的理论,如传统信度模型(TBM)和 Dezert-Smarandache 理论(DSmT)。前者的理论通过拓宽有限的约束来扩展 Dempster 融合规则,即开放全局假设以及允许识别框架之外的元素由空集表示。后者驳斥了单独限制允许表示复合元素,即超幂集的元素。TBM 的理论辩护目前由 Semts 提出,在其研究中,他提供了关于现有融合规则的一个详尽评论,并尝试揭示它们的适用性和理论健全性。他认为大多数提出的融合规则是自然中的特殊情况而且缺乏相应的理论证明,大多数替代融合规则确实是幂集的一些元素之间重新分配全局(或部分)冲突信度质量的连接型融合算子。依赖于这个概念,如果专家认可某些证据,那么它们则被认为是可靠的,否则它们中至少有一个是不可信的,因此分离型融合规则被提出。但是分离型融合规则通常会导致数据特性的衰退。因此有效来源的可靠性必须是已知先验或者估计的。

表 4-4 提供所讨论的不一致数据融合研究工作的总结。

**不一致数据融合方法概述**　　　　　　　　　　　表 4-4

| 不一致方面 | 问题 | 解决方案 | 特性 |
| --- | --- | --- | --- |
| 异常数据 | 如果直接融合数据,则会导致严重的不精准估计 | 传感器标准技术 | 识别/预测随后的清除异常值,一般仅限于已知的故障模型 |
| | | 随机自适应传感模型 | 无先验知识的一般检测虚假数据的模型 |
| 混乱数据 | 用旧的观测更新当前估计(OOSM) | 忽略、再处理或用向前/向后预测 | 主要假设单滞后和目标线性动态 |
| | 用旧的轨迹更新当前估计(OOST) | 用增大状态框架去具体化延迟估计 | 文献中研究和理解得较少 |
| 冲突数据 | 当用 D-S 融合规则融合高度冲突数据时,结果不直观 | 众多替代的融合规则 | 大多是临时性没有正确的理论证明 |
| | | 使用 Dempster 规则时应用修正后的策略 | 提出满足某些限制条件即可保证 Dempster 规则的有效性 |

**4. 多传感器数据融合应用**

这里介绍几种基于激光雷达、毫米波雷达和成像传感器的多传感器融合方案。

1)基于深度学习的多传感器图像融合方案

图像融合是把两个或更多检测到或获得的图像信息结合到一个单一复合图像的过程,它提供了更多的信息和更适合的视觉感知以及计算或视觉处理过程。

其目的是减少不确定性,最小化输出冗余,以及最大化关于某应用或任务的相关信息。例如,如果一个视觉图像融合成为一个热图像,则目标如果比背景热或者冷都可以容易地辨别,即使它的色彩和空间细节与它的背景类似。图像融合中,图像数据用数字序列表示,它们表示亮度(强度)、颜色、温度、距离以及其他场景属性。这些数据可能是2D或者3D的。3D数据本质上是以空间—时间形式的体积图像和/或视频序列。图像融合的方法有:分层图像的分解;在融合可见光图像和IR(Image Ready)图像中的神经网络;激光探测和搜索(LADAR)和被动IR图像进行目标分割;高散小波变换(DWT);主成分分析(PCA);主成分替代(PCS)。

2)雷达与成像传感器轨迹融合

在目标追踪识别过程中,可以采用激光雷达作为获取位置数据(点云数据集)的传感器,采用成像传感器采集二维图像。此时,当从基于背景的激光雷达获得的位置数据在笛卡儿坐标系中有效时,接下来CT算法就被用于提供状态矢量融合的输入。从成像传感器和基于背景的雷达数据融合中,用于合成图像生成的FLIR传感器模型采集到的数据首先通过矩心检测算法,然后两种数据类型在进行轨迹与轨迹的融合之前被单独用于NNKF或者PDAF追踪器算法。在扫描$k$处的轨迹(从成像传感器[轨迹$i$]和基于背景的雷达[轨迹$j$])和它们的方差矩阵被用于融合。

轨迹$i$——$\hat{X}_i(k),\hat{P}_i(k)$和轨迹$j$——$\hat{X}_j(k),\hat{P}_j(k)$融合状态如下:

$$\hat{X}_c(k) = \hat{X}_i(k|k) + \hat{P}_i(k|k)\hat{P}_{ij}(k)^{-1}[\hat{X}_j(k|k) - \hat{X}_i(k|k)] \qquad (4-75)$$

组合协方差矩阵关联状态矢量融合如下:

$$\hat{P}_c(k) = \hat{P}_i(k|k) - \hat{P}_i(k|k)\hat{P}_{ij}(k)^{-1}\hat{P}_i(k|k) \qquad (4-76)$$

这里,$\hat{X}_i(k|k)$与$\hat{X}_j(k|k)$之间的互协方差$\hat{P}_{ij}(k)$如下:

$$\hat{P}_{ij}(k) = \hat{P}_i(k|k) + \hat{P}_j(k|k) \qquad (4-77)$$

通过雷达与成像传感器的数据融合,可以使识别的目标轨迹偏差更小,更具有鲁棒性和精确度。

3)激光和视觉数据的融合

激光扫描仪,如激光雷达,能够在大角度领域和高速率环境下提供精确的测量范围。可以将激光雷达与视频相结合,利用雷达扫描的数据和视觉信息融合成精确的3D信息。简单的3D模型最初是依据2D激光范围数据构建的。视觉可以被用来：①证实构建模型的正确性；②定性定量地描述激光和视觉数据之间的不一致性，无论这些不一致在哪些地方被检测出来。视觉深度信息仅仅在激光范围信息不完整时才被提取出来。图4-38描述了融合的体制。

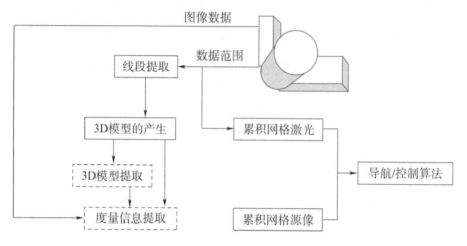

图4-38　激光与视觉数据融合的时间

为了将环境生成一个局部3D模型，假定遥控设备的右下方有一个无限的水平面，并且这个面对于遥控设备的坐标系统来说其距离是已知的，而这个位置是在设备的探测范围之内。这个定义的分割线将扩展形成无限高度上的矩形垂直面。对于每条线段来说，这个平面是垂直于地面的，且包含嵌入3D模型的线段。生成的3D模型的坐标系统与遥控系统的坐标系统基本一致。一个局部3D模型的遥控设备环境是在一个单一的2D范围扫描图上形成的。此环境大概是由一个扁平的水平面组成，且这个面被一些分段的垂直平面包围。首先根据他们的球体影响图，将这些范围测量值集结成关联点的簇。然后再利用一种IEPE算法将这些簇进一步聚集成线段。每条生成的线段都对应于生成模型的一个垂直面表层。这些线段扩展可形成矩形垂直面。对于每条线段来说，这个垂直于地面且包含线段的平面嵌入进3D模型中了。下面给出了一个SAMA算法：①初始化——包含$n$个点的集合$S_1$，将$S_1$置于列表$L$中；②在$L$中设置一条线满足下一个集合$S_i$；③用最大距离$D_p$检测点$p$是否在线上；④如果$D_p$比门限值小，则继续（反之，则回到②）；⑤在$p$处将$S_i$分成$S_{i_1}$和$S_{i_2}$，用$S_{i_1}$和$S_{i_2}$在列表$L$中替代$S_i$；⑥当$L$中所有集合都检测完成时，则合并共线的线段。

标准化的立体视力装备获得的一对图片可以用来确认3D模型。第一幅图像上的点是射线追踪到3D模型的,且3D坐标是估计的。基于这个信息,像点被投影交换到第二个摄像机的画面上。如果所假定的3D模型是正确的,那么投影交换形成的图像就应该与第二个摄像机所需要的图像完全一致。不管模型哪个地方不对,得到的图像都是不一样的。图像的亮度值不同,表示局部关联的范围不一致。然后视情况可以通过激光雷达、毫米波雷达进一步对2D数据不足的地区提供额外的深度信息。

**5. 无人驾驶汽车多传感器冗余下的数据融合算法研究**

在多传感器目标关联与信息融合的基础上,得到各个传感器的统计性的评价指标,并给予每个传感器相应的权重,不断地更新该传感器感知的权重,人为对传感器进行故障模拟,故障发生时,该传感器通过统计残差自诊断故障并更新传感器融合权重,在这样的情况下,整个系统依然能对目标进行准确的感知,这里介绍一种适用于无人驾驶汽车感知系统的动态权重分配(Dynamic Weight Distribution, DWD)算法,在多传感器目标关联和信息融合的基础上,获得各传感器的统计评价指标,并赋予各传感器相应的权重。在某一或某多个传感器出现某帧检测效果不好的情况下,整个系统仍然可以准确地执行目标。

在无人驾驶汽车的多传感器目标融合系统中,目标融合是该系统最终的一环,冗余权重的存在能够让融合时有一个评判标准,根据评判标准为不同的传感器加权重,有了冗余权重,融合才能成为一个能够动态选择传感器的过程。首先应根据冗余权重评判对哪个或哪些传感器的目标进行融合,确定了需要融合的传感器后,再根据冗余权重分配指标,来自各传感器的位置信息各占多大的权重,这样就能够完成多传感器融合。

1) 多传感器匈牙利匹配多目标融合匹配算法

与权重分配对应的应有六种搭配方式:激光雷达、毫米波雷达和摄像头融合;激光雷达和摄像头融合;激光雷达和毫米波雷达融合;单一激光雷达;单一毫米波雷达;单一摄像头。特殊的,三个传感器均退出的情况下,由于给每个传感器设置了0.3333333的权重,所以该部分需要归纳到激光雷达、毫米波雷达和摄像头融合。多传感器融合需要上文的多目标跟踪及多传感器权重分配部分的信息。

首先对匈牙利算法进行阐释：匈牙利算法（Hungarian Algorithm）采用了二分图法的思想，具体来说，匈牙利算法是一个递归过程，尽可能让上一帧与当前帧目标一对一地匹配。该算法对红线连接的准确率要求很高，也就是对运动模型和表观模型要求较高，需要将置信度较高的对象用匈牙利算法进行匹配，才能得到比较好的结果。算法如下：

初始化二分图，即将当前帧中可能与上一帧中目标匹配的目标框选，如图 4-39a) 所示；按照 ID 顺序依次进行匹配，首先将可能与上一帧目标 1 相匹配的当前帧的目标 1 进行匹配，如图 4-39b) 所示；对目标 2 进行匹配，如图 4-39c) 所示；对目标 3 进行匹配；这时发现当前帧中可以与目标 3 进行匹配的目标 1、2 已经被匹配过了，为了使目标 3 可以匹配到目标，尝试将之前 U 中匹配到目标 1 的目标与另一个目标匹配，如图 4-39d) 所示，这时发现 U 中的目标 1 可以匹配到的 V 中的目标 2 也已经被 U 中的目标 2 匹配到了，那么同理，再将 U 中的目标 2 更换匹配目标，如图 4-39e) 所示，这时再返回上一步，即可将 U 中的目标 1、2、3 均匹配到目标，如图 4-39f) 所示；按上述步骤对目标 4 进行匹配，但是最后并没有找到能够符合要求的匹配方法，所以 U 中的目标 4 在这一帧中消失，同时当前帧中的目标 4 被视为新出现的目标。

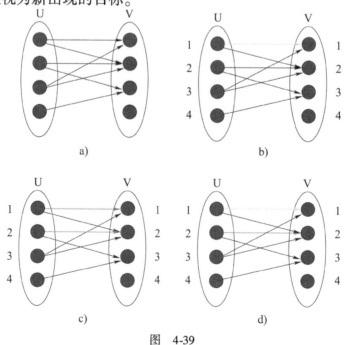

图 4-39

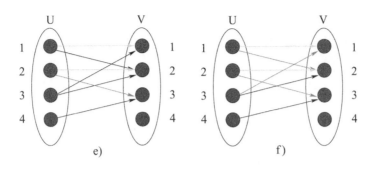

图 4-39 匈牙利匹配示意图

使用上文中所述的匈牙利匹配算法,对传感器目标进行融合,在进行匈牙利匹配之后,就可对传感器的检测目标进行融合并输出最终的融合框。

2) 多传感器动态冗余权重与多目标融合匹配算法结合

多传感器动态冗余权重与多目标融合匹配算法结合可分为三种:三传感器的基于冗余权重的目标融合、两传感器的基于冗余权重的目标融合,以及单传感器的基于冗余权重的目标融合。图 4-40 为融合系统输出示意图。接下来分别对三个算法进行介绍。

图 4-40 融合系统输出示意图

(1) 三传感器的基于冗余权重的目标融合。

三传感器的基于冗余权重的目标融合需要用到的数据为各传感器的检测目标的 $x_{min}$、$x_{max}$、$y_{min}$、$y_{max}$,即每个对象的 $x$ 最小最大值,$y$ 最小最大值。另外还有匹配成功的对象的 ID,激光雷达为 $i(ID_0,ID_1,ID_2,\cdots,ID_n)$,$n$ 为一帧图像所包含的激光雷达对象数量;毫米波雷达为 $j(ID_0,ID_1,ID_2,\cdots,ID_m)$,$m$ 为一帧图像所包含的毫米波雷达对象数量;摄像头为 $k(ID_0,ID_1,ID_2,\cdots,ID_p)$,$p$ 为一帧图像所包含的摄像头对象数量以及各个传感器权重。

假设 ID 为 $i$、$j$、$k$ 的对象完成了匈牙利匹配需要融合为同一对象,$x_{\min}$、$x_{\max}$、$y_{\min}$、$y_{\max}$ 即每个对象的 $x$ 最小最大值,$y$ 最小最大值,融合对象边框信息如下:

$$\begin{cases} x_{\max}^{\text{fusion}} = x_{\max}^i W_{\text{L}} + x_{\max}^j W_{\text{R}} + x_{\max}^k W_{\text{C}} \\ x_{\min}^{\text{fusion}} = x_{\min}^i W_{\text{L}} + x_{\min}^j W_{\text{R}} + x_{\min}^k W_{\text{C}} \\ y_{\max}^{\text{fusion}} = y_{\max}^i W_{\text{L}} + y_{\max}^j W_{\text{R}} + y_{\max}^k W_{\text{C}} \\ y_{\min}^{\text{fusion}} = y_{\min}^i W_{\text{L}} + y_{\min}^j W_{\text{R}} + y_{\min}^k W_{\text{C}} \end{cases} \quad (4\text{-}78)$$

式中,$x_{\max}^{\text{fusion}}$、$x_{\min}^{\text{fusion}}$ 是融合后对象的 $x$ 的最大值和最小值;$y_{\max}^{\text{fusion}}$、$y_{\min}^{\text{fusion}}$ 是融合后对象的 $y$ 的最大值和最小值;$W_{\text{L}}$、$W_{\text{R}}$、$W_{\text{C}}$ 是激光雷达、毫米波雷达、摄像头权重。

那么,融合后的目标对象中心点坐标为:

$$\begin{cases} x_{\text{center}}^{\text{fusion}} = (x_{\max}^{\text{fusion}} + x_{\min}^{\text{fusion}})/2 \\ y_{\text{center}}^{\text{fusion}} = (y_{\max}^{\text{fusion}} + y_{\min}^{\text{fusion}})/2 \end{cases} \quad (4\text{-}79)$$

式中,$x_{\text{center}}^{\text{fusion}}$ 是融合后对象中心点的 $x$ 值;$y_{\text{center}}^{\text{fusion}}$ 是融合后对象中心点的 $y$ 值。

当所有传感器都退出时,由于系统给三个传感器均分配了 0.3333333 的权重,所以在融合时会进入三传感器冗余权重目标融合的分支进行目标融合,最大限度地增加系统容错性。

(2)两传感器的基于冗余权重的目标融合。

两传感器冗余权重目标融合需要用到的数据同样为各传感器的检测目标的 $x_{\min}$、$x_{\max}$、$y_{\min}$、$y_{\max}$,即每个对象的 $x$ 最小最大值,$y$ 最小最大值,另外还有匹配成功的对象的 ID。

以激光雷达和摄像头的融合举例说明,激光雷达为 $i(ID_0, ID_1, ID_2, \cdots, ID_n)$,$n$ 为一帧图像所包含的激光雷达对象数量,摄像头为 $k(ID_0, ID_1, ID_2, \cdots, ID_p)$,$p$ 为一帧图像所包含的摄像头对象数量以及各个传感器权重。假设 ID 为 $i$、$k$ 的对象完成了匈牙利匹配需要融合为同一对象,$x_{\min}$、$x_{\max}$、$y_{\min}$、$y_{\max}$ 即每个对象的 $x$ 最小、最大值,$y$ 最小、最大值,融合对象边框信息如下:

$$\begin{cases} x_{\max}^{\text{fusion}} = x_{\max}^i W_{\text{L}} + x_{\max}^k W_{\text{C}} \\ x_{\min}^{\text{fusion}} = x_{\min}^i W_{\text{L}} + x_{\min}^k W_{\text{C}} \\ y_{\max}^{\text{fusion}} = y_{\max}^i W_{\text{L}} + y_{\max}^k W_{\text{C}} \\ y_{\min}^{\text{fusion}} = y_{\min}^i W_{\text{L}} + y_{\min}^k W_{\text{C}} \end{cases} \quad (4\text{-}80)$$

式中，$x_{\max}^{\text{fusion}}$、$x_{\min}^{\text{fusion}}$ 是融合后对象的 $x$ 的最大值和最小值；$y_{\max}^{\text{fusion}}$、$y_{\min}^{\text{fusion}}$ 是融合后对象的 $y$ 的最大值和最小值；$W_L$、$W_C$ 是激光雷达、摄像头权重。

那么，融合后的目标对象中心点坐标为：

$$\begin{cases} x_{\text{center}}^{\text{fusion}} = (x_{\max}^{\text{fusion}} + x_{\min}^{\text{fusion}})/2 \\ y_{\text{center}}^{\text{fusion}} = (y_{\max}^{\text{fusion}} + y_{\min}^{\text{fusion}})/2 \end{cases} \quad (4-81)$$

式中，$x_{\text{center}}^{\text{fusion}}$ 是融合后对象的中心点的 $x$ 值；$y_{\text{center}}^{\text{fusion}}$ 是融合后对象的中心点的 $y$ 值。

其他两种情况如激光雷达和毫米波融合、毫米波雷达与摄像头融合均与该方法相同。

（3）单传感器的基于冗余权重的目标融合。

以激光雷达单传感器为例进行说明，单传感器进行目标融合时，直接将该传感器该帧的检测目标作为融合后的目标，即：

$$W_L = 1 \quad (4-82)$$

式中，$W_L$ 是激光雷达权重。

假设激光雷达对象的 ID 为 $i$，$x_{\min}$、$x_{\max}$、$y_{\min}$、$y_{\max}$ 即每个对象的 $x$ 最小、最大值，$y$ 最小、最大值，需要输出的融合对象边框信息如下：

$$\begin{cases} x_{\max}^{\text{fusion}} = x_{\max}^i W_L \\ x_{\min}^{\text{fusion}} = x_{\min}^i W_L \\ y_{\max}^{\text{fusion}} = y_{\max}^i W_L \\ y_{\min}^{\text{fusion}} = y_{\min}^i W_L \end{cases} \quad (4-83)$$

式中，$x_{\max}^{\text{fusion}}$、$x_{\min}^{\text{fusion}}$ 是融合后对象的 $x$ 的最大值和最小值；$y_{\max}^{\text{fusion}}$、$y_{\min}^{\text{fusion}}$ 是融合后对象的 $y$ 的最大值和最小值。

那么，融合后的目标对象中心点坐标为：

$$\begin{cases} x_{\text{center}}^{\text{fusion}} = (x_{\max}^{\text{fusion}} + x_{\min}^{\text{fusion}})/2 \\ y_{\text{center}}^{\text{fusion}} = (y_{\max}^{\text{fusion}} + y_{\min}^{\text{fusion}})/2 \end{cases} \quad (4-84)$$

式中，$x_{\text{center}}^{\text{fusion}}$ 是融合后对象的中心点的 $x$ 值；$y_{\text{center}}^{\text{fusion}}$ 是融合后对象的中心点的 $y$ 值。

其他两种情况如毫米波雷达单一传感器融合、摄像头单一传感器融合均与该方法相同。

通过将多传感器的冗余权重与传感器信息融合算法相结合，在系统运行过程中实时调整各传感器的冗余权重，进而影响融合后的目标精确度，如果某一或某多个传感器的目标跟踪出现明显问题，该传感器就会退出融合，即不参与传感器融合，该传感器的其他检测结果也不会参与融合，这样就能够避免一些由于传感器自身故障引起的检测错误，最大限度地为人们的生命财产安全提供更加坚实、可靠的保障。

# 第五章 路侧智能感知与通信设备优化布设

## 第一节 研究背景

近几年,随机几何理论被用来研究毫米波与设备间直接通信(D2D),齐次泊松点过程由于简单易处理经常被用来对大规模随机网络进行建模,但不能用于对给定节点数的有限网络进行建模。随着毫米波通信的普及,在蜂窝网中构建有限区域的 D2D 网络可能成为主流需求,此时,选择伯努利点过程进行建模更为合适。

对于有限无线网络的性能研究,研究人员提出了不同模型与计算方法。Venugopal 等分析了接收设备位于圆形无线网络中心时可穿戴毫米波通信的网络性能,得到了较大的天线阵列可以显著提高覆盖概率的结论。Torrieri 等基于移动设备位于环形无线网络中心的建模方式,提出了一种评估有限无线网络自组网性能的新方法。Valenti 等分别考虑了接收机位于圆形、三角形和不规则有限无线网络中心的覆盖概率,发现不规则形状的有限无线网络覆盖概率更好。Guo 等提出在任意形状无线网络中典型接收机位于任意位置的系统模型,证明了在任意空间节点分布和衰落信道分布的条件下,基于矩生成函数的计算方法可以得到准确的中断概率结果。但以上这些工作均是在典型接收机与其服务发射机距离固定的条件下完成的,这对有限无线网络性能分析可以提供一些有用的结论,但具有一定局限性。因此,当服务节点作为点过程的一部分时,距离分布的准确描述仍然需要关注。

# 第二节 基于伯努利点过程的有限区域 D2D 网络建模

在本文中，D2D 设备位置采用均匀伯努利点过程进行建模，一定数量的设备在有限无线网络内独立均匀分布。采用常见圆形区域 $b(0,R)$ 作为分析区域，$f(y_i)$ 为概率密度函数（probability density function，PDF），$f(y_i)=\dfrac{1}{\pi R^2}$，$\|y_i\|\leqslant R$。其中，$y_i$ 为设备在圆形有限区域内的位置，$\dfrac{1}{\pi R^2}$ 为设备出现在圆形有限区域某一位置的概率，$\|y_i\|$ 为设备与有限区域中心的距离。

假设 $N$ 为区域内设备总数，其中一半为接收机 $N_r^x$，另一半为 $N_r^x$ 对应的服务发射机 $N_t^x$，每个 $N_r^x$ 都有 1 个 $N_t^x$ 作为服务设备，每个 $N_t^x$ 的发送功率为 $P_d$，并且设定区域内的所有 $N_t^x$ 同时处于发射状态。不失一般性地对其中一对典型 D2D 收发机进行分析，令典型接收机位于原点，有限区域中心位于 $x$ 轴正向 $x_0$ 的位置，$v_0=\|x_0\|$，典型接收机在其视距范围选择一发射机作为服务发射机，视距范围内其余发射机为干扰发射机，具体有限区域节点分布如图 5-1 所示。

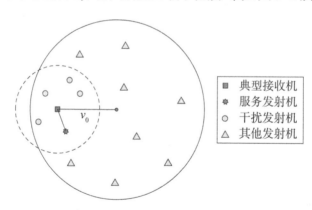

图 5-1 有限区域节点分布图

为提高接收端信号增益，发射机与接收机的天线阵列将采用波束成形技术，并为了处理简便，将实际天线近似成扇形天线模型。链路 $l$ 上的全部方向增益 $D_l$，可表示为：

$$D_l = G_{M_t, m_t, \theta_t} G_{M_r, m_r, \theta_r} \tag{5-1}$$

式中，$G_{M,m,\theta}$ 为天线方向性增益；$M_t$ 为发射机的主瓣增益；$m_t$ 为发射机的旁瓣增益;$\theta_t$ 为发射机的主瓣波束宽度;$M_r$ 为接收机的主瓣增益;$m_r$ 为接收机旁瓣增益;$\theta_r$ 为接收机主瓣波束宽度。

此外,设定典型接收机与其服务发射机之间的服务链路,可以获得完美的方向增益 $D_0$ 为 $D_0 = M_t M_r$,而其他干扰链路产生随机方向增益 $D_{y_{x_0}}$,有 4 种取值 $a_k$ 及概率 $b_k$,其中,$k \in \{1,2,3,4\}$,结果见表 5-1。

表 5-1　$D_{y_{x_0}}$ 取值与概率

| $k$ | $a_k$ | $b_k$ |
|---|---|---|
| 1 | $M_t M_r$ | $\dfrac{\theta_t}{2\pi} \dfrac{\theta_r}{2\pi}$ |
| 2 | $M_t m_r$ | $\dfrac{\theta_t}{2\pi}\left(1 - \dfrac{\theta_r}{2\pi}\right)$ |
| 3 | $m_t M_r$ | $\left(1 - \dfrac{\theta_t}{2\pi}\right)\dfrac{\theta_r}{2\pi}$ |
| 4 | $m_t m_r$ | $\left(1 - \dfrac{\theta_t}{2\pi}\right)\left(1 - \dfrac{\theta_r}{2\pi}\right)$ |

使用视距(line of sight,LOS)球模型对阻塞效应进行建模。定义典型接收机位于 LOS 区域中心,设置 $R_B$ 为 LOS 区域半径,$s$ 为典型接收机与发射机之间的距离。当 $s < R_B$ 时,典型接收机与发射机之间链路为 LOS 链路的概率等于 1;当 $s > R_B$ 时,典型接收机与发射机之间链路为 LOS 链路的概率等于 0。LOS 链路的路径损耗函数 $l(s) = s^{-\alpha}$,其中,$\alpha$ 为路径损耗参数。并且 LOS 区域与有限区域根据典型接收机与区域中心之间距离 $v_0$ 的不同取值范围存在 2 种位置关系。当 $0 < v_0 < R - R_B$ 时,LOS 区域全部包含在有限区域内;当 $R - R_B < v_0 < R$ 时,LOS 区域仅有一部分包含在有限区域内,此外,考虑到毫米波的传播特性,假设各链路都受到 Nakagami 衰落的影响。

## 第三节　有限区域 D2D 网络的性能分析

### 一、信干噪比分析

有限区域内典型接收机的覆盖概率为 $P_c = P[\text{SINR} > T]$,$P_c$ 为接收机处

SINR > $T$ 的概率，$T$ 为预先设定的门限阈值，SINR 指典型接收机接收到的有用信号强度与接收到的干扰信号（噪声和干扰）强度的比值。

在上一节系统模型中，设定典型接收机位于原点，有限区域中心位于 $x$ 轴正向 $x_0$ 的位置，若服务发射机位于有限区域内 $y_0$ 的位置，则典型接收机与其服务发射机之间的服务距离表示为 $r = \| x_0 + y_0 \|$，典型接收机处的接收功率表示为 $P_t = P_d |h_0|^2 D_0 r^{-\alpha}$；其中，$|h_0|^2$ 为 Nakagami 信道增益，是服从参数 $N_L$ 的归一化伽马随机变量，$r^{-\alpha}$ 表示服务链路的路径损耗。典型接收机处的干扰功率可表示为：

$$I = \sum_{y \in N_t^{x_0} \cap B(0, R_B)} P_d |h_{y_{x_0}}|^2 D_{y_{x_0}} \| x_0 + y \|^{-\alpha} \tag{5-2}$$

式中，$N_t^{x_0}$ 为有限区域的发射机序列；$B(0, R_B)$ 为 LOS 区域；$|h_{y_{x_0}}|^2$ 为干扰链路的信道增益；$\| x_0 + y \|^{-\alpha}$ 为干扰链路的路径损耗；$\| x_0 + y \|$ 为干扰距离，干扰功率来自 LOS 区域内除服务发射机以外的发射机，接收机处的 SINR 为：

$$\text{SINR} = \frac{P_d |h_0|^2 D_0 r^{-\alpha}}{\sigma^2 + \sum_{y \in N_t^{x_0} \cap B(0, R_B)} P_d |h_{y_{x_0}}|^2 D_{y_{x_0}} \| x_0 + y \|^{-\alpha}} \tag{5-3}$$

此外，本文考虑干扰受限的网络模型，故令噪声 $\sigma^2 = 0$。

本章分别采用随机均匀选择方案与 $k$ 近邻选择方案选择服务发射机。随机均匀选择方案，即在典型接收机视距范围内随机均匀选择发射机作为服务发射机；$k$ 近邻选择方案，先将典型接收机与视距范围内发射机之间的距离进行排序，选择排在第 $k$ 个的发射机作为服务发射机。而在这两种方案下求解典型接收机处覆盖概率，距离分布与干扰功率的拉普拉斯变换是推导过程中必不可少的部分，接下来首先推导两种方案的服务距离与干扰距离分布表达式，然后结合干扰距离分布推导干扰功率的拉普拉斯变换的具体表达式，最后得到覆盖概率的理论结果。

## 二、距离分布

对于随机均匀选择方案，将有限区域内典型接收机与 LOS 区域内各发射机之间的距离序列表示为 $\{s_i = \| x_0 + y_i \|\}$，$y_i$ 为发射机在有限区域内的位置。其中，距离序列包含服务距离与干扰距离，各距离变量因具有相同变量 $x_0$ 而相互关

联，由于各发射机在有限区域中心周围相互独立均匀分布，在典型接收机到有限区域中心之间距离为 $v_0 = \|x_0\|$ 的条件下，各距离变量相互独立。在后续证明中为了方便表述，将下标 $i$ 去掉。因此，基于条件 $v_0 = \|x_0\|$，典型接收机与 LOS 区域内发射机之间距离变量 $s$ 的 PDF 为：

$$f_S(s|v_0) = \begin{cases} f_{S_1}(s|v_0) = \dfrac{2s}{R_B^2} & (0 < s < R_B, 0 < v_0 < R - R_B) \\ f_{S_2}(s|v_0) = \dfrac{2\pi s}{\gamma} & (0 < s < R - v_0, R - R_B < v_0 < R) \\ f_{S_3}(s|v_0) = \dfrac{2s}{\gamma}\phi_1 & (R - v_0 < s < R_B, R - R_B < v_0 < R) \end{cases} \quad (5-4)$$

式中，$\gamma = R^2\left(\theta_2 - \dfrac{1}{2}\sin2\theta_2\right) + R_B^2\left(\phi_2 - \dfrac{1}{2}\sin2\phi_2\right)$，$\theta_2 = \arccos\dfrac{R^2 + v_0^2 - R_B^2}{2v_0 R}$，$\phi_1 = \arccos\dfrac{s^2 + v_0^2 - R^2}{2v_0 s}$，$\phi_2 = \arccos\dfrac{R_B^2 + v_0^2 - R^2}{2v_0 R_B}$。

典型接收机的服务发射机与干扰发射机都来自 LOS 区域内，这些发射机在圆形有限区域内均匀分布，距离的 PDF 与 LOS 区域和圆形有限区域交叠的面积有关，交叠面积根据 $v_0$ 的不同取值有不同大小，所以根据 $v_0$ 的不同取值范围，LOS 区域和圆形有限区域存在两种位置关系，如图 5-2 所示。

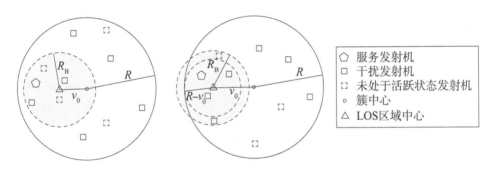

图 5-2 LOS 区域与圆形有限区域位置关系

当 $0 < v_0 < R - R_B$ 时，典型接收机的 LOS 区域包含在有限区域内，发射机与典型接收机之间的距离为 $0 \sim R_B$，$0 < s < R_B$，在 $v_0 = \|x_0\|$ 的条件下，距离变量 $s$ 的累积分布函数（cumulative distribution function，CDF）为 $F_{S_1}(s|v_0) = \dfrac{s^2}{R_B^2}$，对变量 $s$ 求导后得到 PDF：

$$f_{S_1}(s|v_0) = \frac{2s}{R_B^2} \tag{5-5}$$

当 $R - R_B < v_0 < R$ 时,典型接收机只有部分 LOS 区域位于有限区域内,该部分为圆 $x^2 + y^2 = R_B^2$ 与圆 $(x-v_0)^2 + y^2 = R^2$ 的相交部分,两圆交点横坐标表示为:

$$x^* = \frac{v_0^2 - R^2 + R_B^2}{2v_0} \tag{5-6}$$

该部分面积为:

$$\gamma = \int_{v_0-R}^{x^*} 2\sqrt{R^2 - (x-v_0)^2}\,\mathrm{d}x + \int_{x^*}^{R_B} 2\sqrt{R_B^2 - x^2}\,\mathrm{d}x \tag{5-7}$$

令 $\dfrac{v_0 - x}{R} = \cos\theta, \dfrac{x}{R_B} = \cos\phi$,则:

$$\gamma = R^2\left(\theta_2 - \frac{1}{2}\sin 2\theta_2\right) + R_B^2\left(\phi_2 - \frac{1}{2}\sin 2\phi_2\right) \tag{5-8}$$

此时,发射机与典型接收机之间的距离长度分为两部分:$0 < s < R - v_0$ 时,距离变量的 CDF 为 $F_{S_2}(s|v_0) = \dfrac{\pi s^2}{\gamma}$,对变量 $s$ 求导后得到距离变量的 PDF 为 $f_{S_2}(s|v_0) = \dfrac{2\pi s}{\gamma}$;$R - v_0 < s < R_B$ 时,采用有限区域与 LOS 区域相交面积的类似计算方法得到距离变量的 CDF 为 $F_{S_3}(s|v_0) = \dfrac{1}{\gamma}\Big(\int_{v_0-R}^{x^*} 2\sqrt{R^2-(x-v_0)^2}\,\mathrm{d}x + \int_{x^*}^{s} 2\sqrt{s^2-x^2}\,\mathrm{d}x\Big)$,然后对变量 $s$ 求导得到距离的条件 PDF 为 $f_{S_3}(s|v_0) = \dfrac{2s}{\gamma}\phi_1$。

随机均匀选择方案中典型接收机的服务发射机和干扰发射机都在 LOS 区域内随机选择,这意味着服务距离和干扰距离都从上述距离序列中随机选择,因此服务距离和干扰距离的条件 PDF 分别为 $f_R(r|v_0) = f_S(r|v_0)$ 和 $f_W(w|v_0) = f_S(w|v_0)$,而 $v_0$ 的 PDF 为 $f(v_0) = \dfrac{2v_0}{R^2}, 0 < v_0 < R$。

$k$ 近邻选择方案中,首先需要对典型结合机与发射机之间的距离进行排序,然后选择第 $k$ 个发射机作为服务发射机,将典型簇内处于 LOS 范围内的发射机与典型接收机之间的距离进行排序后得到 $w_1 \leq \cdots \leq w_k \leq \cdots \leq w_{N_s}$,其中,$N_s$ 表示既处于典型簇内又处于典型接收机 LOS 区域内的发射机总数,选择第 $k$ 个最近邻的发射机作为服务发射机,距离表示为 $r = w_{(k)}$,而其他发射机则为干扰发射机,在本文中将考虑特殊情况,即 $k=1$ 与 $k=N_S$ 时的覆盖概率,也就是说对 $k$ 近邻选择方案中的最优条件与最差条件进行讨论。

由于各个距离变量是独立同分布的,在 $v_0 = \|x_0\|$ 的条件下,得到服务距离的 PDF 为:

$$f_R^{(k)}(r|v_0) = \frac{N_S!}{(k-1)!(N_S-k)!} F_{R_j}(r|v_0)^{k-1} f_{R_j}(r|v_0)[1 - F_{R_j}(r|v_0)]^{N_S-k} \quad (5\text{-}9)$$

式中, $j = \{1,2,3\}$。当 $k=1$ 时,$f_R^{(1)}(r|v_0) = N_S f_{R_j}(r|v_0)(1 - F_{R_j}(r|v_0))^{N_S-1}$,类似的,当 $k = N_S$ 时,$f_R^{(N_s)}(r|v_0) = N_S f_{R_j}(r|v_0)(F_{R_j}(r|v_0))^{N_S-1}$,$F_{R_j}(r|v_0) = F_{S_j}(r|v_0)$,$j=\{1,2,3\}$。$f_{R_j}(r|v_0)$ 等于 $F_{R_j}(r|v_0)$ 对 $r$ 的求导,而 $N_S$ 的取值与 $v_0$ 取值范围有关,针对 $v_0$ 的不同取值范围可得到当 $k=1$ 与 $k=N_S$ 时的服务距离 PDF 分别为:

$$f_R^{(1)}(r|v_0) = \begin{cases} f_{R_1}^{(1)}(r|v_0) = \frac{R_B^2}{R^2} M \left(1 - \frac{r^2}{R_B^2}\right)^{\frac{R_B^2}{R^2}M-1} \frac{2r}{R_B^2} & (0 < r < R_B, v_0 < R - R_B) \\ f_{R_2}^{(1)}(r|v_0) = \beta M \left(1 - \frac{\pi r^2}{\gamma}\right)^{\beta M - 1} \frac{2\pi r}{\gamma} & (0 < r < R - v_0, R - R_B < v_0 < R) \\ f_{R_3}^{(1)}(r|v_0) = \beta M \left(1 - \frac{\gamma_1}{\gamma}\right)^{\beta M - 1} \frac{2r}{\gamma} \phi_3 & (R - v_0 < r < R_B, R - R_B < v_0 < R) \end{cases}$$

(5-10)

$$f_R^{(N_s)}(r|v_0) = \begin{cases} f_{R_1}^{(N_s)}(r|v_0) = \frac{R_B^2}{R^2} M \left(\frac{r^2}{R_B^2}\right)^{\frac{R_B^2}{R^2}M-1} \frac{2r}{R_B^2} & (0 < r < R_B, v_0 < R - R_B) \\ f_{R_2}^{(N_s)}(r|v_0) = \beta M \left(\frac{\pi r^2}{\gamma}\right)^{\beta M - 1} \frac{2\pi r}{\gamma} & (0 < r < R - v_0, R - R_B < v_0 < R) \\ f_{R_3}^{(N_s)}(r|v_0) = \beta M^{\beta M-1} \left(\frac{\gamma_1}{\gamma}\right)^{\beta M - 1} \frac{2r}{\gamma} \phi_3 & (R - v_0 < r < R_B, R - R_B < v_0 < R) \end{cases}$$

(5-11)

式中,$\gamma = R^2\left(\theta_2 - \frac{1}{2}\sin 2\theta_2\right) + R_B^2\left(\phi_2 - \frac{1}{2}\sin 2\phi_2\right)$;$\gamma_1 = R^2\left(\theta_3 - \frac{1}{2}\sin 2\theta_3\right) + R_B^2\left(\phi_3 - \frac{1}{2}\sin 2\phi_3\right)$;$\phi_2 = \arccos\frac{R_B^2 + v_0^2 - R^2}{2v_0 R_B}$;$\theta_2 = \arccos\frac{R^2 + v_0^2 - R_B^2}{2v_0 R}$;$\phi_3 = \arccos\frac{r^2 + v_0^2 - R^2}{2v_0 r}$;$\theta_3 = \arccos\frac{R^2 + v_0^2 - r^2}{2v_0 R}$。

在 $k$ 近邻选择方案中,选择第 $k(k=1,N_S)$ 个发射机为服务发射机后,其余发射机成为干扰发射机。在服务距离 $r$ 和 $v_0 = \|x_0\|$ 条件下推导干扰距离,首先遵循 $M$ 阶统计量的联合密度函数的定义,并结合随机均匀选择方案下簇内干扰距离的 PDF 得到有序序列 $\{w_i\}_{i=1:N_S}$ 的联合概率密度函数为:

$$f(w_1,\cdots,w_{N_S}|w_k,v_0) = \frac{f(w_1,\cdots,w_{N_S}|v_0)}{f(w_k|v_0)} = \frac{N_S!\prod_{i=1}^{N_s}f(w_i|v_0)}{f(w_k|v_0)} \quad (5\text{-}12)$$

将 $k$ 近邻服务距离的 PDF 表达式代入后得到:

$$f(w_1,\cdots,w_{N_S}|w_k,v_0) = (k-1)!\prod_{i=1}^{k-1}\frac{f(w_i|v_0)}{F(w_k|v_0)}(N_S-k)!\prod_{i=k+1}^{N_S}\frac{f(w_i|v_0)}{1-F(w_k|v_0)}$$

$$(5\text{-}13)$$

由干扰距离的联合概率密度函数可得到,$\{w_i\}_{i=1:k}$ 和 $\{w_i\}_{i=k+1:N_S}$ 在服务距离为 $r$ 和 $v_0 = \|x_0\|$ 的条件下相互独立。

当 $k=1$ 时,只存在干扰距离序列 $\{w_i\}_{i=k+1:N_S}$,基于服务距离为 $r$ 和 $v_0 = \|x_0\|$ 的条件,干扰距离联合 PDF 为:

$$f(w_{k+1},\cdots,w_{N_S}|w_k,v_0) = (N_S-k)!\prod_{i=k+1}^{N_s}\frac{f(w_i|v_0)}{1-F(w_k|v_0)} \quad (5\text{-}14)$$

上述表达式中 $(N_S-k)!$ 表示距离序列 $\{w_i\}_{i=k+1:N_S}$ 有序排序的一种可能情况,若去掉 $(N_S-k)!$,则一个无序距离序列 $\{w_i\}_{i=k+1:N_S}$ 的联合 PDF 为:

$$f(w_{k+1},\cdots,w_{N_S}|w_k,v_0) = \prod_{i=k+1}^{N_s}\frac{f(w_i|v_0)}{1-F(w_k|v_0)} \quad (5\text{-}15)$$

上述距离联合 PDF 可看作是具有相同功能公式的乘积,由此可推断出在无序距离序列 $\{w_i\}_{i=k+1:N_S}$ 中的距离是相互独立同分布的变量,PDF 为 $\frac{f(w_i|v_0)}{1-F(w_k|v_0)}$。此外,在确定服务距离之后,干扰距离将在距离序列 $\{w_i\}_{i=k+1:N_S}$ 中随机选取,这种随机选择的方式可推断出 $k=1$ 时的 $k$ 近邻方案簇内干扰距离的 PDF 为 $\frac{f(w_i|v_0)}{1-F(w_k|v_0)}$。

基于 $v_0$ 与 $r$ 的不同取值范围,对簇内干扰距离可以分为以下几种情况:

(1)典型接收机的 LOS 区域完全位于典型簇内,$0 < v_0 < R - R_B$,服务距离取

值范围为 $0 < r < R_B$，而簇内干扰距离取值应大于服务距离，小于 LOS 区域半径 $R_B$，即 $r < w < R_B$。

（2）典型接收机的 LOS 区域与典型簇相交，只有一部分位于典型簇内，$R - R_B < v_0 < R$，此时，服务距离取值分为两种情况：当服务距离取值范围是 $0 < r < R - v_0$ 时，簇内干扰距离有两个取值范围，分别为 $r < w < R - v_0$ 与 $R - v_0 < w < R_B$；当服务距离取值范围是 $R - v_0 < r < R_B$ 时，簇内干扰距离只有一个取值范围，为 $r < w < R_B$。

$k$ 近邻选择服务发射机方案，$k = 1$ 时的簇内干扰距离 PDF 为：

$$f_W^{(1)}(w|v_0,r) = \begin{cases} f_{W_1}^{(1)}(w|v_0,r) = \dfrac{2w}{R_B^2} \Big/ \left(1 - \dfrac{r^2}{R_B^2}\right) & (0 < v_0 < R - R_B, 0 < r < R_B, r < w < R_B) \\ f_{W_2}^{(1)}(w|v_0,r) = \dfrac{2\pi w}{\gamma} \Big/ \left(1 - \dfrac{\pi r^2}{\gamma}\right) & (R - R_B < v_0 < R, 0 < r < R - v_0, r < w < R - v_0) \\ f_{W_3}^{(1)}(w|v_0,r) = \dfrac{2w}{\gamma}\phi_4 \Big/ \left(1 - \dfrac{\pi r^2}{\gamma}\right) & (R - R_B < v_0 < R, 0 < r < R - v_0, R - v_0 < w < R_B) \\ f_{W_4}^{(1)}(w|v_0,r) = \dfrac{2w}{\gamma}\phi_4 \Big/ \left(1 - \dfrac{\gamma_1}{\gamma}\right) & (R - R_B < v_0 < R, R - v_0 < r < R_B, r < w < R_B) \end{cases}$$

(5-16)

式中，$\phi_4 = \arccos \dfrac{w^2 + v_0^2 - R^2}{2v_0 w}$。

同理，当 $k = N_S$ 时，基于 $v_0$ 与 $r$ 的不同取值范围，簇内干扰距离可以分为两类情况：

（1）典型接收机的 LOS 区域完全位于典型簇内，$0 < v_0 < R - R_B$，服务距离取值范围为 $0 < r < R_B$，而簇内干扰距离取值应大于 0，小于服务距离，即 $0 < w < r$。

（2）典型接收机的 LOS 区域与典型簇相交，只有一部分位于典型簇内，$R - R_B < v_0 < R$，此时，服务距离取值分为两种情况：当服务距离取值范围是 $0 < r < R - v_0$ 时，簇内干扰距离有两个取值范围，分别为 $0 < w < r$；当服务距离取值范围是 $R - v_0 < r < R_B$ 时，簇内干扰距离只有一个取值范围，为 $0 < w < R - v_0$ 和 $R - v_0 < w < r$。

$k = N_S$ 时簇内干扰距离的 PDF 为：

$$f_W^{(N_s)}(w|v_0,r) = \begin{cases} f_{W_1}^{(N_s)}(w|v_0,r) = \dfrac{2w}{R_B^2} \Big/ \Big(\dfrac{r^2}{R_B^2}\Big) & (0 < v_0 < R - R_B, 0 < r < R_B, 0 < w < r) \\[6pt] f_{W_2}^{(N_s)}(w|v_0,r) = \dfrac{2\pi w}{\gamma} \Big/ \Big(\dfrac{\pi r^2}{\gamma}\Big) & (R - R_B < v_0 < R, 0 < r < R - v_0, 0 < w < r) \\[6pt] f_{W_3}^{(N_s)}(w|v_0,r) = \dfrac{2\pi w}{\gamma} \Big/ \Big(\dfrac{\gamma_1}{\gamma}\Big) & (R - R_B < v_0 < R, R - v_0 < r < R_B, 0 < w < R - v_0) \\[6pt] f_{W_4}^{(N_s)}(w|v_0,r) = \dfrac{2w}{\gamma}\phi_4 \Big/ \Big(\dfrac{\gamma_1}{\gamma}\Big) & (R - R_B < v_0 < R, R - v_0 < r < R_B, R - v_0 < w < r) \end{cases}$$

(5-17)

### 三、干扰功率拉普拉斯变换

典型接收机的干扰功率,来自其视距范围内除服务发射机以外的发射机,将利用干扰距离分布来描述干扰功率的拉普拉斯变换。拉普拉斯变换的定义:对于某个变量 $x$,其拉普拉斯变换为 $L_x(s) = E_x[\mathrm{e}^{-sx}]$。因此,对于干扰功率的拉普拉斯变换推导如下:

$$\begin{aligned}L_I(s|v_0) &= E\Big[\mathrm{e}^{-s\sum_{y \in N_t^{x_0} \cap B(0,R_B)} P_d |h_{y_{x_0}}|^2 D_{y_{x_0}} \|x_0+y\|^{-\alpha}}\Big] \\ &= E\Big[\prod_{y \in N_t^{x_0} \cap B(0,R_B)} E_{|h_{y_{x_0}}|^2}\big(\mathrm{e}^{-sP_d |h_{y_{x_0}}|^2 D_{y_{x_0}} \|x_0+y\|^{-\alpha}}\big)\Big]\end{aligned}$$

(5-18)

由于 $|h|^2$ 为参数 $N_L$ 的归一化伽马随机变量,计算 $|h|^2$ 的矩量函数后得到:

$$L_I(s|v_0) = E\Big[\prod_{y \in N_t^{x_0} \cap B(0,R_B)} \dfrac{1}{(1 + sP_d D_{y_{x_0}} \|x_0 + y\|^{-\alpha}/N_L)^{N_L}}\Big]$$

(5-19)

典型接收机 LOS 区域内的干扰发射机数量均值和干扰距离分布都与 $v_0$ 的取值有关,所以根据 $v_0$ 的不同取值范围分别推导干扰功率的拉普拉斯变换。

在随机均匀选择服务发射机方案中,干扰功率的拉普拉斯变换为:

$$L_I(s|v_0) = \begin{cases} A(s|v_0) & (0 < v_0 < R - R_B) \\ B(s|v_0) & (R - R_B < v_0 < R) \end{cases}$$

(5-20)

$$A(s|v_0) = \sum_{k=0}^{M-1} \binom{M-1}{k} \Big(\dfrac{R_B^2}{R^2}\Big)^k \Big[\int_0^{R_B} \sum_{i=1}^{4} b_i \dfrac{1}{(1+sP_d a_i w^{-\alpha}/N_L)^{N_L}} f_{S_1}(w|v_0)\mathrm{d}w\Big]^k \Big(\dfrac{R^2 - R_B^2}{R^2}\Big)^{M-1-k}$$

(5-21)

$$B(s|v_0) = \sum_{k=0}^{M-1}\binom{M-1}{k}(\beta)^k \left[\int_0^{R-v_0}\sum_{i=1}^{4} b_i \frac{1}{(1+sP_d a_i w^{-\alpha}/N_L)^{N_L}} f_{S_2}(w|v_0)\,\mathrm{d}w + \right.$$

$$\left.\int_{R-v_0}^{R_B}\sum_{i=1}^{4} b_i \frac{1}{(1+sP_d a_i w^{-\alpha}/N_L)^{N_L}} f_{S_3}(w|v_0)\,\mathrm{d}w\right]^k (1-\beta)^{M-1-k}$$

(5-22)

式中,$\beta = \frac{1}{\pi}\left(\theta_2 - \frac{1}{2}\sin 2\theta_2\right) + \frac{R_B^2}{\pi R^2}\left(\phi_2 - \frac{1}{2}\sin 2\phi_2\right)$。

在 $k$ 近邻选择服务发射机方案中,根据 $k$ 的不同取值,干扰功率的拉普拉斯变换如下。

$k=1$ 时干扰功率的拉普拉斯变换为:

$$L_{I_{\text{intra}}}^{(1)}(s|v_0,r) = \begin{cases} A^{(1)}(s|v_0,r) & (0<v_0<R-R_B, 0<r<R_B) \\ B^{(1)}(s|v_0,r) & (R-R_B<v_0<R, 0<r<R-v_0) \\ C^{(1)}(s|v_0,r) & (R-R_B<v_0<R, R-v_0<r<R_B) \end{cases} \quad (5-23)$$

$$A^{(1)}(s|v_0,r) = \sum_{l=0}^{M-1}\left(\frac{R_B^2}{R^2}\right)^l \left[\int_r^{R_B}\sum_{i=1}^{4}\frac{b_i f_{W_1}^{(1)}(w|v_0,r)}{(1+sP_d a_i w^{-\alpha}/N_L)^{N_L}}\mathrm{d}w\right]^l \left(1-\frac{R_B^2}{R^2}\right)^{M-1-l}$$

(5-24)

$$B^{(1)}(s|v_0,r) = \sum_{l=0}^{M-1}(\beta)^l \left[\int_r^{R-v_0}\sum_{i=1}^{4} b_i \frac{1}{(1+sP_d a_i w^{-\alpha}/N_L)^{N_L}} f_{W_2}^{(1)}(w|v_0,r)\,\mathrm{d}w + \right.$$

$$\left.\int_{R-v_0}^{R_B}\sum_{i=1}^{4} b_i \frac{1}{(1+sP_d a_i w^{-\alpha}/N_L)^{N_L}} f_{W_3}^{(1)}(w|v_0,r)\,\mathrm{d}w\right]^l (1-\beta)^{M-1-l}$$

(5-25)

$$C^{(1)}(s|v_0,r) = \sum_{l=0}^{M-1}(\beta)^l \left[\int_r^{R_B}\sum_{i=1}^{4} b_i \frac{1}{(1+sP_d a_i w^{-\alpha}/N_L)^{N_L}} f_{W_4}^{(1)}(w|v_0,r)\,\mathrm{d}w\right]^l (1-\beta)^{M-1-l}$$

(5-26)

$k=N_S$ 时,干扰功率的拉普拉斯变换为:

$$L_{I_{\text{intra}}}^{(N_S)}(s|v_0,r) = \begin{cases} A^{(N_S)}(s|v_0,r) & (0<v_0<R-R_B, 0<r<R_B) \\ B^{(N_S)}(s|v_0,r) & (R-R_B<v_0<R, 0<r<R-v_0) \\ C^{(N_S)}(s|v_0,r) & (R-R_B<v_0<R, R-v_0<r<R_B) \end{cases} \quad (5-27)$$

$$A^{(N_s)}(s|v_0,r) = \sum_{l=0}^{M-1}\left(\frac{R_B^2}{R^2}\right)^l\left[\int_0^r\sum_{i=1}^4\frac{b_i f_{W_1}^{(N_s)}(w|v_0,r)}{(1+sP_d a_i w^{-\alpha}/N_L)^{N_L}}dw\right]^l\left(1-\frac{R_B^2}{R^2}\right)^{M-1-l}$$

(5-28)

$$B^{(N_s)}(s|v_0,r) = \sum_{l=0}^{M-1}(\beta)^l\int_0^r\sum_{i=1}^4 b_i\frac{1}{(1+sP_d a_i w^{-\alpha}/N_L)^{N_L}}f_{W_2}^{(N_s)}(w|v_0,r)\,dw\,(1-\beta)^{M-1-l}$$

(5-29)

$$C^{(N_s)}(s|v_0,r) = \sum_{q=0}^{M-1}(\beta)^l\left(\int_0^{R-v_0}\sum_{i=1}^4 b_i\frac{1}{(1+sP_d a_i w^{-\alpha}/N_L)^{N_L}}f_{W_3}^{(N_s)}(w|v_0,r)\,dw\right.+$$

$$\left.\int_{R-v_0}^R\sum_{i=1}^4 b_i\frac{1}{(1+sP_d a_i w^{-\alpha}/N_L)^{N_L}}f_{W_4}^{(N_s)}(w|v_0,r)\,dw\right)^l(1-\beta)^{M-1-l}$$

(5-30)

式中,$\beta = \frac{1}{\pi}\left(\theta_2 - \frac{1}{2}\sin2\theta_2\right) + \frac{R_B^2}{\pi R^2}\left(\phi_2 - \frac{1}{2}\sin2\phi_2\right)$。

### 四、有限区域 D2D 网络的覆盖概率

覆盖概率表达式为 $P_c = E_{v_0}[P[\text{SINR}>T|v_0]]$。其中,概率 $P[\text{SINR}>T]$ 的推导如下:

由 $P(|h|^2<\chi) < [1-e^{-\eta\chi}]^{N_L}, \eta = N_L(N_L!)^{-\frac{1}{N_L}}$,可以得到:

$$P[\text{SINR}>T] = P\left[\frac{P_d|h_0|^2 D_0 r^{-\alpha}}{I}>T\right] < 1 - E\left[\left(1-\exp\left(-\frac{\eta T I}{P_d D_0 r^{-\alpha}}\right)\right)^{N_L}\right]$$

(5-31)

在 $N_L$ 为整数的条件下,使用二项式定理得到:

$$P[\text{SINR}>T] = \sum_{n=1}^{N_L}(-1)^{n+1}\binom{N_L}{n}E\left[\exp\left(-\frac{n\eta T I}{P_d D_0 r^{-\alpha}}\right)\right]$$

$$= \sum_{n=1}^{N_L}(-1)^{n+1}\binom{N_L}{n}L_I\left(\frac{n\eta T}{P_d D_0 r^{-\alpha}}\bigg|v_0\right) \quad (5\text{-}32)$$

再将不同服务发射机选择方案的服务距离 PDF、$v_0$、PDF 以及干扰功率的拉普拉斯变换表达式代入覆盖概率表达式，即可得到覆盖概率的精确解。

随机均匀选择服务发射机方案下的覆盖概率为：

$$P_c = \int_0^{R-R_B} \int_0^{R_B} \sum_{n=1}^{N_L} (-1)^{n+1} \binom{N_L}{n} A\left(\frac{n\eta T}{P_d D_0 r^{-\alpha}} \Big| v_0\right) f_{S_1}(r|v_0) f(v_0) dr dv_0 +$$

$$\int_{R-R_B}^{R} \left[ \int_0^{R-v_0} \sum_{n=1}^{N_L} (-1)^{n+1} \binom{N_L}{n} B\left(\frac{n\eta T}{P_d D_0 r^{-\alpha}} \Big| v_0\right) f_{S_2}(r|v_0) dr + \right.$$

$$\left. \int_{R-v_0}^{R_B} \sum_{n=1}^{N_L} (-1)^{n+1} \binom{N_L}{n} B\left(\frac{n\eta T}{P_d D_0 r^{-\alpha}} \Big| v_0\right) f_{S_3}(r|v_0) dr \right] f(v_0) dv_0 \quad (5-33)$$

$k$ 近邻选择服务发射机方案下的覆盖概率为：

$$P_c^k = \int_0^{R-R_B} \int_0^{R_B} \sum_{n=1}^{N_L} (-1)^{n+1} \binom{N_L}{n} A^{(k)}\left(\frac{n\eta T}{P_d D_0 r^{-\alpha}} \Big| v_0, r\right) f_{R_1}^{(k)}(r|v_0) f(v_0) dr dv_0 +$$

$$\int_{R-R_B}^{R} \left[ \int_0^{R-v_0} \sum_{n=1}^{N_L} (-1)^{n+1} \binom{N_L}{n} B^{(k)}\left(\frac{n\eta T}{P_d D_0 r^{-\alpha}} \Big| v_0, r\right) f_{R_2}^{(k)}(r|v_0) dr + \right.$$

$$\left. \int_{R-v_0}^{R_B} \sum_{n=1}^{N_L} (-1)^{n+1} \binom{N_L}{n} C^{(k)}\left(\frac{n\eta T}{P_d D_0 r^{-\alpha}} \Big| v_0, r\right) f_{R_3}^{(k)}(r|v_0) dr \right] f(v_0) dv_0 \quad (5-34)$$

将 $k$ 值分别带入 1 与 $N_s$，可得到在 $k$ 近邻选择服务发射机方案中的最优覆盖概率与最差覆盖概率。

## 第四节　仿真结果与分析

本章实验基于 MATLAB 仿真平台，结合蒙特卡罗仿真及理论表达式结果对模型进行仿真实验，实验中基本参数见表 5-2。

仿真基本参数  表 5-2

| 参　数 | 参数说明 | 取　值 |
|---|---|---|
| $A$ | 仿真区域面积 | $1000m \times 1000m$ |
| $R$ | 簇半径 | 100m |
| $R_B$ | LOS 区域半径 | 50m |
| $\alpha$ | 路径损耗参数 | 4 |
| $M$ | 扇形天线主瓣增益 | 10dB |
| $m$ | 扇形天线旁瓣增益 | −10dB |
| $\theta$ | 天线主瓣波束宽度 | 30° |
| $P_d$ | 发射机发射功率 | 32W |
| $N$ | 簇内设备总数 | 40 |

本章主要对圆形有限区域中典型接收机处的覆盖概率进行分析，首先对覆盖概率理论表达式的准确性进行验证，然后讨论扇形天线、D2D 数量及路径损耗参数改变对覆盖概率的影响，具体仿真及分析结果如下：

图 5-3 对比了随机均匀选择与 $k$ 近邻选择服务发射机方案的覆盖概率。首先，图中曲线仿真值与理论值吻合，验证了两种选择方案下覆盖概率理论表达式的准确性。通过对比两种选择方案发现，选择最近的发射机为服务发射机可以得到最优覆盖概率，随机均匀选择方案的覆盖概率结果居中，选择最远的发射机为服务发射机时覆盖概率最差。

图 5-4 为设备总数 $N$ 对覆盖概率的影响，对比有限区域内设备总数分别为 40、80、120 时的覆盖概率。由图 5-4 可知，理论分析结果与仿真结果之间误差很小，证明了理论分析的准确性。随着门限阈值的增大覆盖概率逐渐减小，此外当设备总数 $N=40$ 时，覆盖概率结果较好，而设备总数 $N=120$ 和 $N=80$ 的覆盖概率与 $N=40$ 时的覆盖概率相比，有一定幅度的下降。这是由于随着设备总数的增多，LOS 区域内干扰发射机越来越多，典型接收机干扰功率增大，使得覆盖概率减小。由实验可知，设备总数对覆盖概率的结果影响很大，因此，合理控制设备密度对网络性能至关重要。

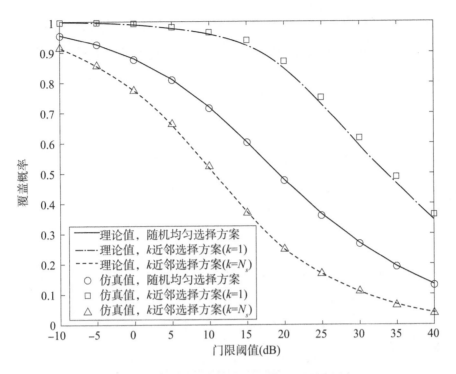

图 5-3 不同选择服务发射机方案下的覆盖概率

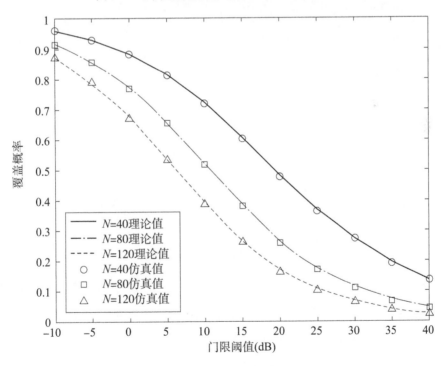

图 5-4 设备总数 $N$ 对覆盖概率的影响

图 5-5 为天线参数对覆盖概率的影响,对比发射机天线在不同主瓣增益和波束宽度情况下的覆盖概率,其中,接收机天线参数固定不变。由图 5-5 可知,对于发射机天线,当波束宽度固定时,主瓣增益越大,相应覆盖概率越大。这是由于服务链路可以产生完美方向增益,随着发射机天线主瓣增益增大,服务链路的方向增益也增大,进而使得典型接收机处的接收功率增大。干扰链路因为产生随机方向增益,增大发射机天线主瓣增益可以增加某些情况下的方向增益,而总体的干扰功率增加幅度小于接收功率的增加幅度,因此,覆盖概率增大。当主瓣增益固定时,波束宽度越大,覆盖概率越小。这是由于随着发射机波束宽度的增大,干扰链路产生较大方向增益的概率增大,总体干扰功率增大,使得覆盖概率减小。因此,若要获得较好的天线增益,需要较大的主瓣增益和较小的波束宽度。

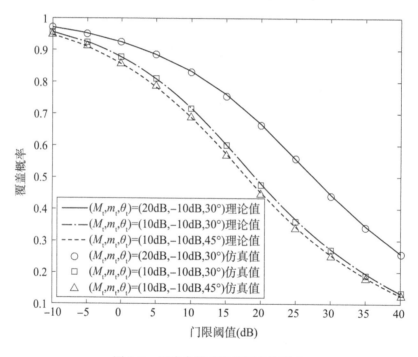

图 5-5 天线参数对覆盖概率的影响

图 5-6 为路径损耗参数对覆盖概率的影响,对比路径损耗参数在不同取值情况下的覆盖概率。由图 5-6 可知,路径损耗参数在中低阈值对覆盖概率有一定影响,并且路径损耗参数越小,覆盖概率越大。门限阈值较大时,3 种不同路径损耗参数的覆盖概率几乎相同,这是由于服务发射机与干扰发射机是在 LOS 区域内随机均匀选取,服务距离与干扰距离的大小在 $0 \sim R_B$ 之间,服务链路与干扰链路的路径损耗差距较小,因此最终覆盖概率结果相近。

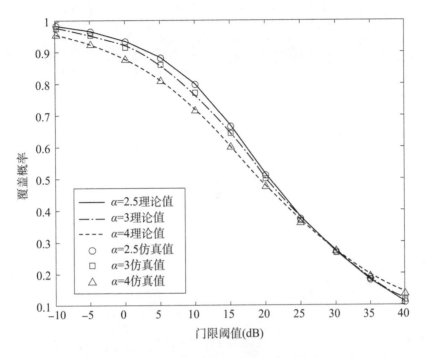

图 5-6　路径损耗参数对覆盖概率的影响

# 第六章 成果与展望

## 第一节 取得的成果

本书首先通过调研各国车路协同的发展情况,对比德、英、美、日四国的技术差异,从中取优,再根据我国的高速路况上营运车辆的运行环境,得到了适合我国发展车路协同的技术路线。

其次,在第三章中,本书从营运车辆报警装备的关键技术出发,在单车智能方面,分别对车速预警技术、车道偏离预警技术、车距预警技术、行车预警技术以及盲点预警技术进行了展开介绍,在多车智能或V2X协同的技术上,也进行了车辆碰撞预警的多途径实现路线的阐述,最后,通过开展不同工况环境试验,对于本著的单车智能下的车载预报警设备性能进行了验证。第三章同时还详细探讨了每种技术现如今的实现途径和优缺点,为研发新型高速公路营运车辆车路协同预报警装备提供技术支持基础,设备的试验验证也给后续V2X协同预警技术开发提供了重要的参考价值。第四章详细介绍了智能路侧设备关键技术,包含了智能路侧设备关键技术研究现状、路侧环境感知技术、信息通信技术以及数据融合技术,为车路协同应用做好基本技术工作。

最后,在第五章中,本书分析了一个有限区域D2D网络的链路性能,采用了伯努利点过程对网络中D2D的位置进行建模,并设定了天线、信道和阻塞模型,对于典型接收机的服务发射机采用两种不同选择方案,分别为随机均匀选择方案和$k$近邻选择方案,接着给出了两种方案下的覆盖概率表达式,通过仿真分析了设备总数,天线参数和路径损耗参数改变对覆盖概率的影响,发现区域内设备数量越多,覆盖概率越小;天线主瓣增益的改变会极大地影响相关覆盖概率,而路径损耗参数的变化则对覆盖概率的影响较小。

## 第二节 展望及未来研究工作

目前我国许多企业正积极进行着驾驶辅助技术的研发和推广,致力于提高我国道路交通安全和出行效率。越来越多 L2 级驾驶辅助能力的车型在路上出现,民众的接受程度也越来越高,尽管从事故责任划分的角度来讲,在完全踏入 L3 级智能驾驶时代前还需要进行许多的工作,但完成各种技术的改良融合,落地更可靠的辅助驾驶功能,已经是可预见的未来,结合新能源汽车的推广普及,我国将进入一个更安全、更高效的道路通行时代。

## 参 考 文 献

[1] ANDREWS J G, BACCELLI F, GANTI R K. A Tractable Approach to Coverage and Rate in Cellular Networks[J]. IEEE Transactions on Communications, 2011, 59(11):3122-3134.

[2] MONDAL W U, DAS G. Uplink User Process in Poisson Cellular Network[J]. IEEE Communications Letters, 2017, 21(9):2013-2016.

[3] RENZO M D, GUAN P. Stochastic Geometry Modeling and System-Level Analysis of Uplink Heterogeneous Cellular NetworksWith Multi-Antenna Base Stations [J]. IEEE Transactions on Communications, 2016, 64(6):2453-2476.

[4] SIAL M N, DENG Y, AHMED J, et al. Stochastic Geometry Modeling of Cellular V2X Communication Over Shared Channels[J]// IEEE Transactions on Vehicular Technology, 2019.

[5] OMRI A, SHAQFEH M, ALNUWEIRI H. Mode Selection Scheme for D2D Enabled LTE-Advanced Systems[C]. 2018 IEEE 29th Annual International Symposium on Personal, Indoor and Mobile Radio Communications (PIMRC), Bologna, Italy, 2018:1-6.

[6] KUSALADHARMA S, ZHANG Z, TELLAMBURA C. Interference and Outage Analysis of Random D2D Networks Under-laying Millimeter-Wave Cellular Networks[J]. IEEE Transactions on Communications, 2019, 67(1):778-790.

[7] YU B, YANG L, ISHII H, et al. Dynamic TDD Support inMacrocell-Assisted Small Cell Architecture[J]. IEEE Journal on Selected Areas in Communications, 2015, 33(6):1201-1213.

[8] SINGH S, ZHANG X, ANDREWS J G. Joint Rate and SINR Coverage Analysis for Decoupled Uplink-Downlink Biased Cell Associations inHetNets[J]. IEEE Transactions on Wireless Communications, 2015, 14(10):5360-5373.

[9] ONIRETI O, IMRAN A, IMRAN M A. Coverage, Capacity and Energy Efficiency Analysis in the Uplink of mmWave Cellular Networks[J]. IEEE Transactions on

Vehicular Technology,2018,67(5):3982-3997.

[10] GAO Y,YANG S,WU S,et al. Coverage Probability Analysis for mmWave Communication Network With ABSF-Based Interference Management by Stochastic Geometry[J]. IEEE Access,2019(7):133572-133582.

[11] PARIDA P,DHILLON H S. Stochastic Geometry-Based Uplink Analysis of Massive MIMO Systems With Fractional Pilot Reuse[J]. IEEE Transactions on Wireless Communications,2019,18(3):1651-1668.

[12] 赵睿,杨绿溪. 基于泊松点过程分布的多蜂窝协作系统中干扰对齐技术研究[J]. 电子与信息学报,2015,37(5):1194-1199.

[13] 贾向东,纪珊珊,范巧玲,等. 基于非正交多接入的多层全双工异构网回程方案及性能研究[J]. 电子与信息学报,2019,041(004):945-951.

[14] 王夕予,陈亚军,肖敏,等. 5G非正交多址系统中使用全双工基站干扰的安全传输方案[J]. 西安交通大学学报,2019,53(8):129-134.

[15] KONG H,FLINT I,WANG P,et al. Modeling and Analysis of Wireless Networks Using Poisson Hard-Core Process[C]//IEEE International Conference on Communications(ICC)IEEE,2017.

[16] LU X,FLINT I,D NIYATO,et al. Self-Sustainable Communications With RF Energy Harvesting:Ginibre Point Process Modeling and Analysis[J]. IEEE Journal on Selected Areas in Communications,2016,34(5):1518-1535.

[17] SURYAPRAKASH V,MOLLER J,FETTWEIS G. On the Modeling and Analysis of Heterogeneous Radio Access Networks Using a Poisson Cluster Process[J]. IEEE Transactions on Wireless Communications,2015,14(2):1035-1047.

[18] YI W,LIU Y,DENG Y,et al. Clustered UAV Networks with Millimeter Wave Communications:A Stochastic Geometry View[J]. IEEE Transactions on Communications,2020,68(7):4342-4357.

[19] TURGUT E,GURSOY M C. Downlink Analysis in Unmanned Aerial Vehicle (UAV)Assisted Cellular Networks With Clustered Users[J]. IEEE Access,2018,6:36313-36324.

[20] DHILLON H S,GANTI R K,BACCELLI F,et al. Modeling and Analysis of K-

Tier Downlink Heterogeneous Cellular Networks[J]. IEEE Journal on Selected Areas in Communications,2012,30(3):550-560.

[21] CHUN Y J,HASNA M O,GHRAYEB A. Modeling Heterogeneous Cellular Networks Interference Using Poisson Cluster Processes[J]. IEEE Journal on Selected Areas in Communications,2015,33(10):2182-2195.

[22] DENG N,ZHOU W,HAENGGI M. Heterogeneous Cellular Network Models with Dependence[J]. IEEE Journal on Selected Areas in Communications,2015,33(10):2167-2181.

[23] HU H,JIA X,YE P,et al. Coverage Probability Analysis of Three-tier Heterogeneous Networks Based on Poisson Cluster Process[C]//2020 International Conference on Wireless Communications and Signal Processing (WCSP),2020.

[24] SAHA C,DHILLON H S,MIYOSHI N,et al. Unified Analysis of HetNets Using Poisson Cluster Process under Max-Power Association[J]. IEEE Transactions on Wireless Communications,2018,18(8):3797-3812.

[25] WANG X,TURGUT E,GURSOY M C. Coverage in Downlink Heterogeneous mmWave Cellular Networks With User-Centric Small Cell Deployment[J]. IEEE Transactions on Vehicular Technology,2019,68(4):3513-3533.

[26] 李卓尔,徐家品. 蜂窝网络下异构多小区毫米波 D2D 通信模型研究[J]. 软件导刊,2018,17(5):191-194.

[27] 王斌,孟琬婷,周为峰,等. 提高 LTE 下含 D2D 通信的蜂窝网络公平性方案[J]. 北京邮电大学学报,2015,38(2):21-26.

[28] 范康康,董颖,钱志鸿,等. D2D 通信的干扰控制和资源分配算法研究[J]. 通信学报,2018,39(11):198-206.

[29] YUAN Z,WANG L,ZHANG X,et al. Clustered Underlay Device-to-Device Network:Modeling and Performance Analysis[C]//2017 IEEEGlobecom Workshops (GC Wkshps),2017.

[30] CHEN H,LIU L,DHILLON H S,et al. QoS-Aware D2D Cellular NetworksWith Spatial Spectrum Sensing:A Stochastic Geometry View[J]. IEEE Transactions on Communications,2019,67(5):3651-3664.

[31] TURGUT E,GURSOY M C. Uplink Performance Analysis in D2D-Enabled mm-Wave Cellular Networks with Clustered Users[J]. IEEE Transactions on Wireless Communications,2019,18(2):1085-1100.

[32] XU X,ZHANG Y,SUN Z,et al. Analytical Modeling of Mode Selection for Moving D2D-Enabled Cellular Networks[J]. IEEE Communications Letters,2016,20(6):1203-1206.

[33] BADIR S,NASLCHERAGHI M,RASTI M. Performance Analysis of Joint Pairing and Mode Selection in D2D Communications with FD Radios[C]//2018 IEEE Wireless Communications and Networking Conference (WCNC),2018.

[34] ABDALLAH A,MANSOUR M M,CHENAB A. Joint Channel Allocation and Power Control for D2D Communications Using Stochastic Geometry[C]//2018 IEEE Wireless Communications and Networking Conference (WCNC),2018.

[35] 杨英杰. 轮速传感器的研究及应用[J]. 汽车科技,2019(3):28-32+27.

[36] 宋年秀,杜彦蕊. 汽车传感器原理与检测200问[M]. 北京:中国电力出版社,2009.

[37] WANG S,WANG Y,ZHEGN Q,et al. Guidance-oriented advanced curvespeed warning system in a connected vehicle environment[J]. Accident Analysis and Prevention,2020:148.

[38] PS A,HH A,AN B,et al. Evaluation of advanced curve speed warning system for fire trucks[J]. Applied Ergonomics,97.

[39] 褚红军. 24GHz汽车毫米波雷达系统分析与频率源关键技术研究[D]. 哈尔滨:哈尔滨工业大学,2015.

[40] 钟仁海. 毫米波雷达测速测距算法研究与实现[D]. 衡阳:南华大学,2018.

[41] 侯晓乾. 基于视觉的汽车前方碰撞预警系统研究[D]. 长沙:湖南大学,2016.

[42] ORGANIZATION W H. Global Status Report on Road Safety[J]. Inj Prev,2013,15(4):286.

[43] HEALEY J A,PICARD R W. Detecting stress during real-world driving tasks using physiological sensors[J]. IEEE Transactions on Intelligent Transportation,

Systems,2005,6(2):156-166.

[44] CHOI M. Wearable Device-Based System to Monitor a Driver's Stress,Fatigue, and Drowsiness[J]. Fortschritte der Physik,2018,67(3).

[45] DONG Y,HU Z,UCHIMURA K,et al. Driver Inattention Monitoring System for Intelligent Vehicles: A Review[J]. IEEE Transactions on Intelligent Transportation Systems,2011,12(2):596-614.